地域ガバナンスシステム・シリーズ　No.9

市民と自治体の協働研修ハンドブック

～地域が元気になるパートナーシップのために

龍谷大学　地域人材・公共政策開発システム
オープン・リサーチ・センター企画

土山希美枝　著

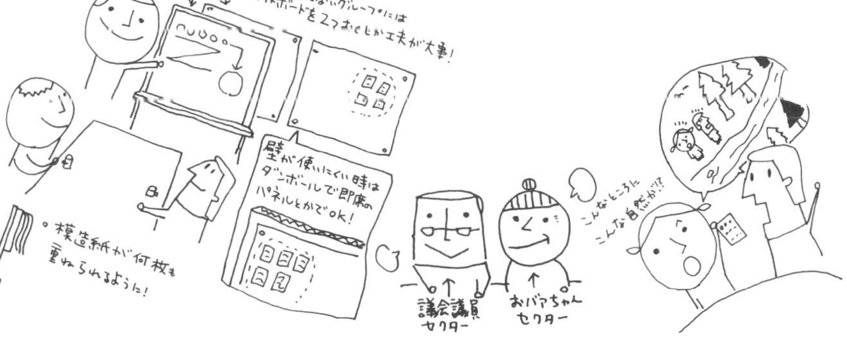

壁面が使えないグループには
ホワイトボードを2つおくとか工夫が大事！
壁が使いにくい時は
ダンボールで即席の
パネルとかでOK！
。模造紙が何枚も
重ねられるように！
議会議員
セクター
おバアちゃん
セクター
こんなところに
こんな自然が!?

はじめに　地域が元気になるパートナーシップのために

本書は、ＬＯＲＣ（龍谷大学　地域人材・公共政策開発システムオープンリサーチセンター）で行われた３つの「協働研修」試行をもとにしています。

試行は、自治体職員をおもな対象とした研修として、2005年度に熊本市で、2006年度には寝屋川市で、また、滋賀県市町村職員研修センター主催により大津市・草津市・守山市共同（以下、滋賀県３市共同研修）でおこない、高い評価をえました。試行の成果をひろく還元し、さらには、試行でわかった課題を問いかけたい。それが本書の目的です。

この研修の直接の対象は自治体職員ですが、自治体職員むけだけでなく、多様なひとびとを対象とした「学びの経験」としても企画できると信じています。この研修は、地域を元気にする、みんなの人材育成のためのステップとして役立つことをめざしています。それは、わたしたちが、「セクターをこえたマルチパートナーシップ」こそ地域にゆたかな「協働」を実現しうると考えているからです。ここでいう「協働」とは、たんなる行政のコスト削減のための手法ではありません。

わたしたちのくらしはさまざまな〈政策・制度のネットワーク〉により支えられています。地球温暖化対策にみられるように、わたしたちのくらしかたに影響を及ぼすしくみやとりくみを展開しているのは、自治体や国などの政府だけではありません。さまざまな市民や企業の活動が、からみあいながら展開されています。こうしたひとびと、団体・組織はそれぞれ独立していますが、活動領域は図１のように重なりあっています。政策の対象となる課題の発見、争点の提起、対策の提案、実現のための運動、実施にたいする評価といった政策の過程が、多様な担い手によるものであることが想像できるでしょう。

政策といえば政府のすること、と連想が働くほど、公共課題に対応する主体は政府であるという時期が長く続いてきました。ですが、公共領域における課題に対応し、公共政策をになう主体は、すでに述べたように多様になっています。さらに、さまざまな意味で、公共領域における政府の役割が問い直されてきました。

いま、公共政策を担う主体は、大きくわけて、市民社会セクター、企業セクター、政府セクターととらえられます。その重なる活動領域では、それぞれの得意分野や個性に応じて、役割分担も可能でしょうし、ともに活動し効果を相乗させることも可能でしょう。足りないところを補い合うこともできるでしょう。そうした連携がゆたかにくりひろげられることが、社会とそこにあるひとびとをいきいきとさせるだろう、とわたしたちは考えています。

しかし、そのためには、いくつかの難しい課題があります。まずひとつは、セクター間の壁が厚いことです。「お役所仕事」「会社組織」という言葉をきいて、どんなイメージをもつでしょうか？　乱暴にいってしまえば、それが組織やセクターの「個性」とされているものです。そうした「個性」には誤解されているものもあるでしょうが、セクターによって、意思決定の進めかた、合意形成のしかた、チームの組みかた、それぞれ大きく異なることは理解されるでしょう。ながらく終身雇用制度になじんできたわたしたちのなかに、違う組織、ましてや違うセクターで働く経験を持ち、その文化の違いを体感しているひとは多くありません。それを意識せずに、自分たちのセクターのやりかたや考え方を「当たり前」として進めれば、さまざまな衝突や意図せぬ圧力となって「協働」を難しくします。

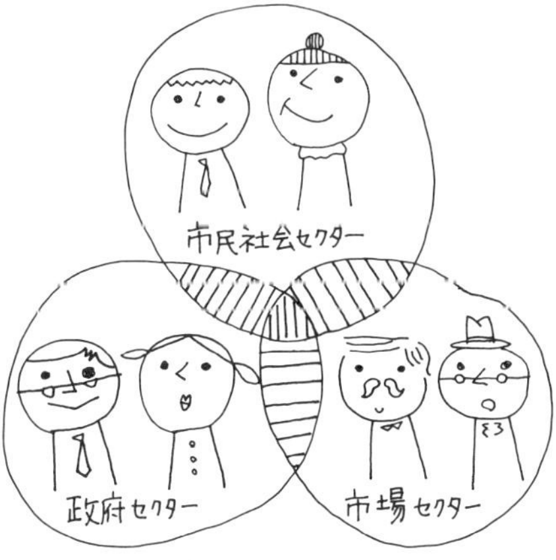

図１　政策の主体と交錯する活動領域

また、だれでも、とくに自らや自らの組織が厳しいときには、協力してくれる他者や相手に期待をかけるものです。相手の情報や相手にたいする理解が不足しているときにはなおさらです。「協働」という用語が、行政側のコスト削減のための「安上がり委託」を美しくあらわす言葉として使われ、結果として、市民社会セクターの主体に過度な負担を与えれば、「協働」そのものがなりたちゆかなくなるでしょう。

さらに、大きくみれば、高度成長期にできた行財政の構造、社会の構造もまた、前述したようなゆたかな連携をできにくくしているところがあります。たとえば、高度成長期をつうじて、自治体の行財政は拡大を続けてきました。財政危機を背景に、「民でやれることは民で」といわれていますが、では、政府がやるべきことはなんなのでしょうか？　公共領域の課題を解決することで「黒字」が出ることなどほとんどありえません。わたしたちは、何を、どのように解決するために、どれくらいのコストを負担して、政府に「信託」するのでしょうか。どのくらいの規模の政府がわたしたちにとって「適正サイズ」なのでしょうか。政府の資源は有限で、課題は無限です。その配分をめぐって、市民のあいだでも利害が対立しますが、その対立はどのような合意形成によって調整されるのでしょうか。またたとえば、労働時間が長く余暇が少なければ、ひとびとが社会活動にさける時間は少なくなることが想像できます。社会におけるひとびとの活動が低調であれば、市民社会セクターの伸張は難しいでしょう。近年、退職後の人材にたいする地域や社会における活動への誘導がひろがっています。そのこと自体は大きな価値と意義のあることですが、ずっと会社組織のなかで生きてきたひとにとって、突然、市民社会セクターで、しかもその核となる担い手になって活動せよ、ということは簡単ではないはずです。

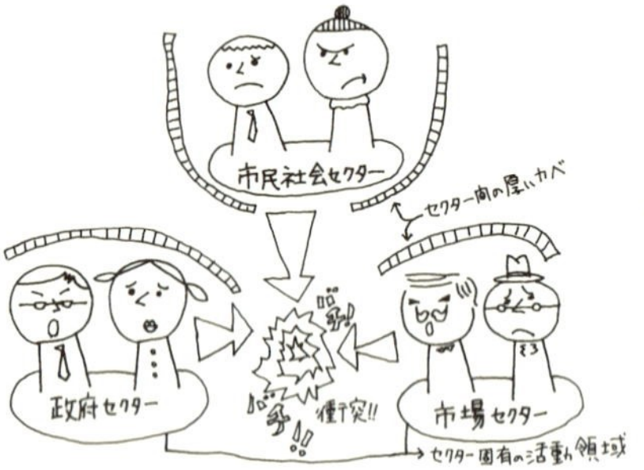

図2　現状のセクター間の分断

話がひろがってきましたが、では、このような状況や構造をのりこえて、わたしたちはどのような社会をめざし、そのためにはどのようなことが求められるのでしょうか。

ＬＯＲＣでは、その目標を、「セクターをこえたマルチパートナーシップ」によるゆたかな「協働」をくりひろげられる社会（図３）と考えました。そして、いきいきとしたひとびとの連携が公共課題に対応して展開される社会のために、セクター内だけでなく「セクターをこえたマルチパートナーシップ」を可能とするしくみと人材が求められると考えました。とくに人材については、セクターにかかわらず、「地域公共政策の過程をになう人材」を「地域公共人材」としてみる視角を提起しました。この人材層のなかで、専門職業人としての「地域公共人材」層を形成していくことが喫緊の課題と考えました。なぜならば、現場ですでに始まりかけている「協働」のとりくみの核を担い、しかし大きな課題を抱えている層だと考えられるからです。とくに、セクター間の壁の厚さ、人材移動や相互理解の低さ、背景にある認識の違いなどは、連携を阻害し衝突をまねくこともあります（図２）。セクターをこえて議論し連携できる人材。まだ十分認識されていないこの層の醸成の第一歩として、ＬＯＲＣ協働研修は企画もされ、試行されました。

試行は自治体職員研修として実施されました。自治体職員は「地域公共人材」専門職業人として現在の日本では最も層の厚い存在ですが、セクターの分断は厚く、市民社会セクターで活動するひととふれあったことのない職員も少なくありません。「協働」を考えるファーストステップとして、市民社会セクターとの「はじめてのお出会い」として、自らの政府セクターの職員としてのありかたや市民としてのありかたを考え、地域公共政策が多様な主体によって担われうることを理解するための、初歩の研修です。

しかし、この研修は、自治体職員のためだけの研修ではありません。この研修には、市民社会セクターから、ＮＰＯ団体からも地縁組織からも参加されることが標準として企画されています。仕事として組織をせおって応対するのではなく、ファシリテーターをつうじて、地域の政策を自由に議論する場として参加することになります。議会議員や地域の企業など、多様な主体に参加してもらうこともいいでしょう。それぞれの参加者が、自分とは違う、これまで知らなかったセクターの、不思議だった存在と知り合う機会とすることができます。小さな企画ではありますが、地域の政策を担う主体どうしの「出会い」の場として、連携の第一歩とできることもあるでしょう。そうした効果を目的として、市民社会セクターが主催する講座や研修としても構成できるでしょう。

自治体職員研修としては、連携をもつ研修を実施することによって、そのような連携をしやすい組織変革へつなげたり、連携によって可能になる行政改革のありかたを考えたりする機会にもできるでしょう。とくに、「効果ある研修」の実施に悩む研修担当者にあたらしい研修手法、自治体内の他部署との連携、人事戦略としての研修のありかたを考えるひとつの機会になれば幸いです。

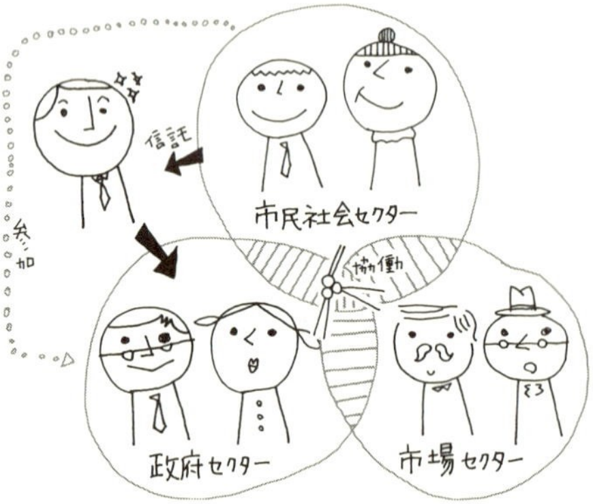

図3　セクターをこえたマルチパートナーシップ

研修ができることは大きくはありません。しかし、研修の機能はけして小さくはないのだ、といえることもまちがいありません。本書が、自治体職員に限らず、「地域が元気になる協働のためのみんなの人材育成」の機会のひとつとなることを願ってやみません。

土山希美枝

本書は、文部科学省の私立大学学術研究高度化推進事業であるオープン・リサーチ・センター整備事業の助成を受けて設置された、ＬＯＲＣの研究成果として刊行されるものです。

0）ＬＯＲＣ協働研修とハンドブックの使い方

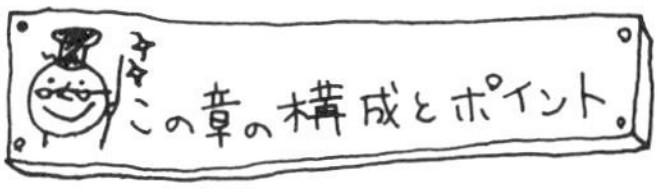

このブックレットの構成を１で、本書がガイドするＬＯＲＣ協働研修を２で簡略に説明します。コンセプトの核は、「セクターをこえたマルチパートナーシップによる協働」をになっていくための他セクターとの出会いと議論の経験のための研修を、セクターをこえた「協働」によって企画し、実施する、という点にあります。

１．本書の構成と使いかた

本書は、ＬＯＲＣの研究活動で試行された「協働研修」（以降、ＬＯＲＣ協働研修）を実施するためのハンドブックです。ＬＯＲＣの試行は自治体職員研修として実施しましたが、「地域公共人材」育成の最初の一歩として、多様に使っていただくことが可能と考えます。

マークは参照を示します。本文と合わせてお読み下さい。

１章では研修の目標設定のために、協働研修でできることとできないことを示しています。

２章、３章は企画編、実施編となり、ステップごとに構成され、その流れとコツがわかるように編成されています。理解を深め、また、それぞれの研修の目的の違いや地域の違いによってアレンジできるよう、本書では、企画の意図や背景をていねいに説明しています。４章では協働研修の成果を大きく左右するファシリテーターの役割を詳しく解説しました。

５章では検証の手法と、ＬＯＲＣでの検証結果として協働研修の成果と限界を示しました。成果だけでなく、そこからみえた課題も論じています。協働研修の限界が示す、自治体に求められる変革を論じた６章もご覧下さい。

企画を具体化するときに便利なように、７章ではＱ＆Ａを、さらに資料として企画と実施のステップにそったチェックリストがついています。

本書の巻末には、ＤＶＤを添付しました。映像部分にはＬＯＲＣ協働研修の映像記録が収録されています。実際の雰囲気やコツが理解できるでしょう。熊本市の記録では実施と企画のプロセスが詳しく示され、滋賀県３市共同と寝屋川市ではワークショップの議論や雰囲気がよくあらわれています。パソコンでアクセスできるデータ部分にはチェックリストやアンケート用紙など汎用できる書類、ＬＯＲＣ最初の協働研修である熊本市研修の報告書をはじめ、各試行例でのアンケート結果なども収録されています。あわせてご活用下さい。

２．ＬＯＲＣ協働研修について

○協働研修の基本スタイル

ＬＯＲＣ協働研修の目的は、簡単にいえば、「『協働』できる組織づくりと人づくりの一助となること」、です。しかも、「経験の浅いひとや団体むけ」です。

その基本スタイル ☞0-1 は、２章企画ステップ０で詳説しますが、

管理職研修 ＋ 協働ワーク研修（講義パート＋ワークショップパート）

をワンセットとして構成されます。

☞0-1

・管理職研修は課長級以上を想定した講義型研修です。庁内全体に「協働」への理解を広げるため、市の幹部（首長または副市町村長）による講話と講師による講義との組み合わせを推奨します。協働ワーク研修の講義パートと合同して開催することも可能でしょう。

・協働ワーク研修は、２日または３日にわたります。講義パートとワークショップパートで構成されます。

・講義パートは、参加者に、研修の意義と目的を理解し、ワークショップにのぞんでもらうためのものといえます。ＬＯＲＣ協働研修では、地域社会の課題を解決する担い手が、国や自治体など政府セクターだけでないこと、その多様な担い手がセクターをこえて連携できることの重要性を指摘し、研修が「セクターをこえて」議論する経験のためのものであることを理解していただくように企画しています。

・ワークショップパートはファシリテーターを各テーブルに配置して２日～３日にわたっておこないます。最終日の終盤２時間程度で、各テーブルでは発表用に自分たちの議論をまとめ、ついで、全体で発表会の時間をもちます。

・さらに詳しくは、２章企画ステップ０をごらん下さい。

○協働研修の対象は、「協働」初心者です

「はじめに」でふれた他セクター、たとえば自治体職員ならＮＰＯ団体や地縁組織など市民社会セクターについて、理解や連携の経験が深い人材にとっては、これらの研修は必要ないかもしれません。むしろ、そうした経験が浅く、言葉では知っていても「協働」や「参加」がわからないことに不安をもっている人材にむいています。

ＬＯＲＣの協働研修には、ＮＰＯ団体や地縁組織の市民をはじめ、地域とかかわりの深い企業人、地方議会議員、大学生なども協力して参加されました。こうした参加者にも、ともに講義を聴き、相互に議論し、お互いを知ることの面白さと意義を評価する声が高くありました。

企画と実施にあたっては、研修を担当する部局や担当者自身が、他の部局やセクターと調整することが必要ですし、強くお勧めします。このハンドブックで示される一連の過程が、効果ある研修づくり、組織改革につながる研修の模索のための、刺激になるのではないでしょうか。

1）目標を設定しよう

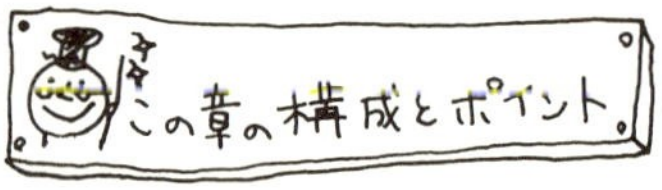

ＬＯＲＣ協働研修がもちうる効果を説明します。実現したい研修の目標とイメージをふくらませて下さい。

１では研修でできることを、２ではアレンジの例を示しています。４では協働研修ではできないことの概要を示しています。

協働研修でできることとできないことを理解し、２章での企画につなげて下さい。

１．この研修でなにができるか

○「協働」にたいする組織全体の「理解」と現場の人材の「経験」

この研修は、すでにふれたように、「セクターをこえたパートナーシップによる協働」をになう地域公共人材育成のための最初の一歩です。

したがって、第一の目的は、他セクターで地域政策をになうひとびとと出会い、率直に議論することです。初対面でもそうした議論を、しかもお互いの組織や背景をこえてするために、ファシリテーターが手助けします。

管理職にたいする講義型研修をあわせて実施することは、協働ワーク研修と同時でも別開催でも、必要です。自治体･組織の方向性や職場の雰囲気を管理職は大きく左右します。「安上がり委託」ではない「協働」のほんとうの意味が管理職に理解され、現場が阻害されない環境をつくることは重要です。講義にあわせて、講話として、首長や幹部が「協働」重視の方針を語る機会にできれば、その効果は大きくなることでしょう。

○内外の連携でつくる「協働研修」からはじまる研修改革

さらに、この研修の企画と実施の過程をへることによって、研修部局や担当者にとっても、職員研修企画のあたらしい手法や刺激になることも期待されています。「セクターをこえたマルチパートナーシップ」による「協働」をになう人材を育成するためにも、職員研修じたいが開放性と連携性をもったものに変わっていくことが求められています。

協働研修によって、セクターをこえた協働が可能な地域公共人材の育成をめざし、その初心者の最初の一歩としての「出会い」を実現する、その過程そのものが、研修担当部局や担当者にとっても「セクターをこえた協働」の経験となるはずです。他部局また外部の組織･団体と協力して企画、実施するあたらしい研修手法の経験が、研修改革の一歩となるのではないでしょうか？

2．さらにできるかもしれないこと

基本スタイル＝管理職研修＋協働ワーク研修（講義＋ワークショップ）ですが、2日から3日にわたる協働ワーク研修では多様なアレンジが可能でしょう。たとえば、政策分野の近い参加者がその内容で研修をおこなうと、参加者同士の「出会い」がそれぞれの活動で生きてくるかもしれません。研修ではなく、実際の政策課題にたいする市民参加のワークショップとしても使えるかもしれません。以下に例をいくつかあげてみましょう。

○議論する内容を具体化してみる

子どもや高齢者、あるいは環境などの政策分野をしぼり、具体的な政策課題を議論の対象とします。政策とかかわる市民団体に参加してもらうことで、「出会い」だけでなく政策形成研修として活用できるでしょう☞1-1。

あるいは、ごみ袋有料化やごみ処理場問題、公民館の自主運営、コミュニティバスなど、自治体の個別政策や事業を対象にすることも可能でしょう。

ただし、参加者が利害関係にふかくかかわる議論になる場合、注意が必要です 1-2。議論する関係づくりからスタートするワークショップで政策提案にしていくためには、期間も長くする必要があるでしょう。

1-1　具体的な政策形成を研修として試みても、のちに実体化できないのであれば、参加した市民にとっては実を結ばない議論への徒労感につながるかもしれません。了解を得ておく必要があるでしょう。

1-2　利害関係に直接かかわる内容を議論するには難しさがあり、研修として実施するには向かない場合もあります。「自由な個人」としての発言がしにくくなるかもしれません。市民、職員がともにみずからの立場にのみ立って議論しないよう、注意が求められます。本音で他セクターと議論した経験が少ない初心者には難しいかもしれません。

○フィールドワークなどを加えてみる

合併した自治体にとって、「わがまち」という一体感を得ることは重要で難しい課題です。ならば、合併後のまちづくりの可能性や課題をテーマにするのはいかがでしょう。実際に地域をみるフィールドワークを組み合わせる 1-3と、さらに効果的といえます。地域の相違点や類似点、個性などを知り、共有していくことは、合併後のまちづくりにも有効でしょう。

合併した自治体にかぎらず、政策課題の現場をみる、地元学の「あるものさがし」にならって地域をみるなどフィールドワークを組み合わせることはたいへん有効と思われます。

1-3　日程、フィールド、ガイドなど、企画をよく練る必要があります。とくに日程は、ワークショップとの間をできるだけ開けず、かつ議論の時間も十分にとる配慮が求められます。

○複数の自治体・組織を対象とする合同研修にしてみる

ＬＯＲＣ協働研修の試行のうち滋賀県３市合同研修は、県内の市町村が合同設置している研修センターを核に、大津市・草津市・守山市の合同職員研修として企画しました。意外と知らない隣の地域の事情 1-4 など、合同研修ならではの話題で盛り上がりました。研修センターにとっても、あたらしい手法の試行として評価いただきました。

研修の対象者、協力していただく団体の事情などにおうじた、合同での実施も効果的でしょう。自治体に限らず、市町村合同設置の研修所や中間支援組織が実施母体となることもありえます。

1-4　ワークショップの冒頭に、それぞれの地域の特徴や違いなど簡単に触れておく機会や資料があると、それをふまえて議論がスムーズに展開できるのではないでしょうか。

○協働ワーク研修の成果は政策提案になるか？

ワークショップの成果を政策提案につなげる可能性もあるでしょう。しかし、その場合は、市民も職員もふくめ、参加するメンバーや組織におけるオーソライズにかかわる課題があると想像できます。ワークショップをもっと長くおこなう必要もあるでしょう 54ページ。「初心者」に限らず、専門性ある人材をふくめ、本音で議論できる多様な参加者を集めるべきでしょう。研修としての枠組みを一歩抜き出た対応が求められます。

○研修制度や人事制度、人事戦略につなげる

「研修は役に立たない」、そう思われてはいませんか。あるいは、そう思っていませんか。

求められる自治体職員像が変わりつつあります 1-5。ＬＯＲＣでは、組織内やセクター内だけでなく「セクターをこえて連携をむすび（マルチパートナーシップ）、『協働』をゆたかに地域で実現できる地域公共政策専門

職業人」像を提起しました。ただし、こうした人物が簡単に育成できるわけではなく、ましてや組織では、人材をいっせいに入れ替えができるわけではありません。しかし、そうした人材が必要とされているのです。いかにそうした人材を組織のなかに（ＬＯＲＣの視角でいえば社会のなかに）増やしていけるか、は、自治体の課題そのものであり、それに対応することが研修部局に求められているのではないでしょうか。

採用、研修、評価という人事は、一体性をもって組織の人事戦略となることが期待されます。しかし、そうなっていないほとんどの自治体の実情でしょう。人材育成基本方針や基本計画も作成したあとはどうでしょうか。

人材戦略のために重要なのは、研修の企画や実施における開放性と連携性です。研修を研修部局に閉じられた「こなし業務」にするのではなく、多様な連携による開かれた人材育成の機会にしていくことが求められているといえます。この研修の企画、実施、評価にあたっては、他部局、他セクターの主体と早い段階から連携することが求められます。議論する政策の内容を担当部局に相談したり、市民団体とかかわりの深い部局に協力をあおいだり、大学やＮＰＯ団体などとともに企画実施したり、そうした連携を意識的にひろげて下さい。それをきっかけに、あたらしい研修の企画や、人材育成基本方針などの改訂における、人材育成、人事戦略としての研修につなげることもできるのではないでしょうか。この点はあらためて６章で論じましょう。

1-5　土山希美枝『地域人材を育てる自治体研修改革』公人の友社。

3．検証と効果測定

今後の研修に生かし、研修の効果を持続させるためにも、フォローアップによる検証と効果測定は重要です。具体的な目標を設定したら、その達成度を検証する手法を構想しましょう。

ＬＯＲＣでは研修当日にアンケートをおこなったほか、約３～６ヶ月後にフォローアップ研修をおこないました。詳細には５章でご説明します。

4．この研修でできないこと

当たり前のことですが、ＬＯＲＣ協働研修には限界があります。

詳しくは、成果とフォローアップ研修の検討をふまえ、４章と５章で論じています。しかし、研修の目標を設定するために、研修でできないことの概要をふまえておきましょう。

ひとつには、研修企画そのものの限界です。この研修は「初心者」向けです。セクターをこえて、本音で地域の課題についての議論と合意形成の過程を経験すること、そのものが目的です。

したがって、基本スタイルでは、議論の結果として洗練された政策提案が出てくることを成果とはしていません。本章２で示したように、ワークショップの日程を延ばし、政策提案をめざすプロジェクトを実施し、初心者だけでない多様な参加者が加われば、それを目的とすることも可能でしょう。ですが、協働研修の基本スタイルではそこまで企図していません。

また、すでに協働「初心者」ではない人材にとっては、あまり効果がないかもしれません。ただし、その人材にとってあらためて刺激になる、その人材がいることでテーブルの議論がいきいきとしたものになる、といった効果はありえます。

ついで、もっと厳しい限界は、ＬＯＲＣ協働研修がその参加者に高く評価されながらも、「それだけでは自治体・組織は変わらない」ということです。「自分は変わっても、現場に帰ったら何も変わっていない。何も生かせない」という声はめずらしくありませんでした。このことは、効果ある研修のためには組織の変革が必要であり、組織の変革につながる研修や人事戦略の改革が必要であるということにつながっていきます６章。

研修の可能性と限界をご理解いただけたでしょうか。それでは、目標を設定し、その目標の達成をめざして企画に進みましょう。

2）企画の流れとポイント

この章の構成とポイント

実施にむけて企画を練っていく過程を紹介します。本文で概略を、右ページで解説などを示しています。参照もあわせてお読み下さい。まず、0．ＬＯＲＣ協働研修の基本スタイルを説明します。1．運営会議を組織、→2．プログラムのデザイン、→3．メンバーとスケジュールを調整、→4．打ち合わせと資料作成、→5．実施（詳しくは次の章で）、→6．検証の準備、と進みます。

企画をつうじて、研修部局や組織外部の多様な主体と連携し、あたらしい研修のかたちを摸索することもこの研修の可能性です。実りある連携となるよう、丁寧な議論と調整を進めましょう。

それでは企画のスタートです。企画から実施まで、3～4ヶ月みておきましょう。2-1

企画ステップ0　ＬＯＲＣ協働研修の基本スタイル

○ＬＯＲＣ市民協働研修の基本スタイル

ＬＯＲＣ市民協働研修は、

管理職研修 ＋ 協働ワーク研修（講義パート＋ワークショップパート）

を一連のものとして構成します2-2。以下詳しくみてみましょう。

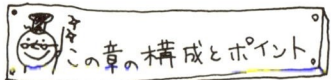

企画ステップ０

2-1　巻末資料、またＤＶＤには、企画のステップにあわせてつくったチェックリストがあります。参照してください。

企画ステップにかかる期間のめど

それぞれの状況によって異なりますが、参考としてください。
運営会議は形式的なものではなく、効果ある研修をつくりだすための議論を十分に行って下さい。

期間のめど	企画のプロセス
４～３ヶ月前	１．運営会議を組織
	２．運営会議でプログラムをデザイン
３～２ヶ月前	３．メンバーとスケジュールを調整
	４．事前準備と資料作成
当日	５．実施（次章へ）
２～３ヶ月後	６．検証

2-2

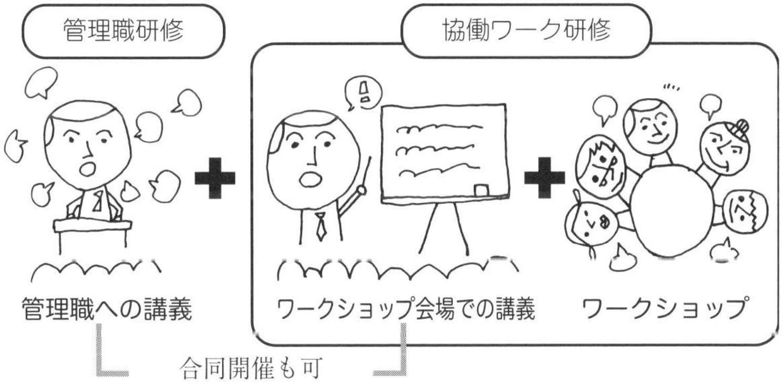

基本スタイルに追加するアレンジはあっても、削るアレンジはあまりおすすめできません。管理職研修は協働ワーク研修の講義パートと合同開催でも可能ですから、省略せずおこなうことをお勧めします。

協働ワーク研修も講義パート、ワークショップパートはともにおこなってください。

○各研修・パートの目的と概要 2-3

●管理職研修（単独開催の場合） 2-4

・自治体・組織全体の「協働」への理解をすすめます。

・単独開催の場合は、わがまちの行政のありかたの転換、組織の課題との関係を、管理職対象に深く掘り下げる講義型研修を企画します。

・講義のまえに首長や幹部職の講話を設定することを勧めます。

●協働ワーク研修

・市民はじめ多様なセクターの人材がともに参加します 2-5。

・対象職員は、ＬＯＲＣでは係長級としました Ｑ＆Ａ８。

・２日間か３日間にわたり、初日の講義パート、その後のワークショップパートで構成されます。日程例は 企画ステップ２で。

→講義パート 2-6

・「協働」の理解と、それが自治体や自分たちにどうかかわるかを理解し、ワークショップための共通認識を持ちます。

→ワークショップパート

・ワークショップで「セクターをこえて地域の課題を議論すること」が協働研修の核心です。

・ワークショップの実施、メンバーについてはそれぞれ 企画ステップ２、３、重要な役割を果たすファシリテーターについては ４章などで詳しく解説しています。

企画ステップ１　運営会議を組織しよう

○運営会議にはどんなメンバーが？

まず、企画と実施の核となる運営会議を組織しましょう。

庁内では研修担当部局、市民や市民団体とつながりの深い部局、人事部局、企画など首長の政策決定に近い部局などが想像できます 2-7。

企画ステップ０

☞ 2-3　付属ＤＶＤにはＬＯＲＣ協働研修の映像記録が収録されています。雰囲気や概要の理解にぜひご覧下さい。

☞ 2-4　自治体の方向性に直結する管理職に、縦割りの発想や「協働＝安上がり委託」といった誤解を解きつつ、「協働」が自治体行政のありかたをどう変えうるか、理解を深めるための講義です。
パラダイム転換のための研修である他方、強い権限を持つ管理職員が「協働」の現場を理解し、その妨げとならないための研修としての一面ももちました。
こうした転換や方向性を強く支えるためにも、幹部職、できれば首長の講話をあわせて企画したいところです。

☞ 2-5　参加する対象者について、詳しくは企画ステップ３をご覧下さい。
ＬＯＲＣ協働研修の３試行例では、ＮＰＯ団体や地縁組織から市民が、地域の企業人、地方議会議員、大学生などが参加しました。滋賀県３市合同研修では、各地域の違いも刺激になったといわれます。

☞ 2-6　管理職研修と同講師、また同時開催にすることも、「協働」の理解を深めるという点を主軸にすえるとすれば可能です。☞ Ｑ＆Ａ５。
講義パートの講師には、ワークショップにもオブザーバーとなってもらい、最終日の講評もいただけるとベストです。

基本ステップの概要を把握

企画ステップ１

☞ 2-7　目標と概要、企画の意図を理解し、協力してくれる存在をまきこむことが、研修の成果を大きく左右します。会議の組織にあたって、まきこ管理職研修の企画のためにも、首長に近い部局の参加は必須でしょう。
庁外の多様な主体に協力してもらうこともたいへん重要です。
中間支援組織などＮＰＯ団体、とくにファシリテーターを派遣してもらう団体、地縁組織、大学など研究・教育機関、あるいは合同研修所などの機関や人に運営会議に入ってもらいましょう☞2-8。研修のありかたを考える刺激ともなることでしょう。当初からは無理であっても、当日のファシリテーターにもできるだけ早い時期から入ってもらい、議論しながら目標と手法を検討していきましょう。

メンバーが固まったら最初の運営会議を開催し、運営会議の幹事役を決めましょう。ついで、プログラムデザインに進みます。

企画ステップ２　プログラムデザインをすすめよう

○企画の核心。運営会議で研修プログラムをデザイン

まずはＬＯＲＣ市民協働研修の概要を運営会議で説明しましょう☞2-9。
あなたのイメージや目標ををたたき台とし、運営会議で企画をまとめていきましょう。運営会議として企画する研修の対象、目標、手法について議論して下さい。数度の会合が必要になるでしょう。

○目標にあわせて手法やテーマを検討しよう

すでに述べたように、ＬＯＲＣ市民協働研修の基本目標は「セクターをこえて」地域の課題について議論すること」、つまり議論と合意形成のプロセスそのものが目的です☞Q&A 13。
運営会議で付け加えたい目標があれば、それを達成できる手法もともに考えましょう。目標と手法を明確にし、それらについても検証や事後評価の対

企画ステップ１

みたいメンバーにきちんと説明しましょう。
　部局単位であげてみましたが、あたらしいとりくみにあたっては個人的なつながりや協力も重要です。意義を感じ、ともに汗をかいてくれるような職員に、ぜひまきこまれてもらって下さい。

2-8　企画段階から携わっていただくことで、講演者、ファシリテーターの派遣、研修の実施にあたってさまざまな協力がより効果的に進むと思われます。とくに、ファシリテーターを派遣できる団体の参加は、できるだけ早い段階からえることが望ましいです。
　参照：Ｑ＆Ａ

運営会議を組織！

企画ステップ２

2-9　協働研修の日程例（３日間日程）
　付属ＤＶＤの映像記録では、熊本市研修、滋賀県３市合同研修、寝屋川市研修の記録が収録されています。運営会議でみてイメージを共有し、企画の手がかりにすることも有効でしょう。

1日め

時間	内容		見込(分)
11:30	運営側集合、準備（昼食含む		
13:00	開始・挨拶		10～15
	講義パート	講義	60
		質疑応答	10～15
14:30	ワークショップパート	グループ編成、運営方法などの説明	90
		自己紹介・導入〔アイスブレイク〕	
		テーマに関する情報・意見交換〔発散〕	
		中間発表のための整理、発表者決め	20
16:20頃	中間発表	5分×6グループ 講師orリーダーのコメント	30～40
16:45	事務連絡など		5
	アンケート実施		10
17:00	研修終了		
17:15	運営会議打ち合わせ（ファシリテーター打ち合わせ含）		

※ワークショップ中の休憩はファシリテーターが適宜判断してとる

2日め

時間	内容		見込(分)
11:30	運営側集合、準備（昼食含む		
13:00	開始		
13:00	ワークショップパート	前日の続き〔発散〕	115
		整理や論点の抽出〔構造化〕	
		政策手法や方向性〔合意形成〕	
		中間発表のための整理、発表者決め	20
16:20頃	中間発表	5分×6グループ 講師orリーダーのコメント	30～40
16:45	事務連絡など		5
	アンケート実施		10
17:00	研修終了		
17:15	運営会議打ち合わせ（ファシリテーター打ち合わせ含）		

3日め

時間	内容		見込(分)
9:00	運営側集合		
10:00	開始		
10:00	ワークショップパート	前日の続き〔構造化〕	120
		政策手法や方向性〔合意形成〕	
12:00	休憩・昼食		60
13:00	ワークショップパート	午前の続き〔合意形成〕	100
		発表に向けて準備	
	（※ミニレクチャー）		20
15:00	発表と質疑応答		90
	講評		15
16:45	アンケート実施		10
	閉会の挨拶・事務連絡など		5
17:00	参加者全員での懇親会		60
18:00	解散		
18:15	後片付け		

※ミニレクチャーは、ファシリテーターリーダーがワークショップの終了にあたって「ファシリテーターの役割」について20～30分程おこなった。必須ではないが、ファシリテーターの重要性を体感した参加者が、より深くその役割を知る機会となり、好評であった。また発表前のリフレッシュにもなった。

象としましょう 検証については 企画ステップ６、５章へ。

○管理職研修の企画

管理職研修の開催は省略せずぜひ実施して下さい 2-3。単独開催の場合、協働ワーク研修の前日など別日程で開催します 2-10。

「協働」の意味とそれが自治体行政をどう変えるかについての理解としては、協働ワーク研修と合同開催でもかまいません Q&A５。しかし、単独で開催できる場合は、行政内部のパラダイム転換をすすめるための管理職の役割が強く自覚できる講義を企画しましょう 2-11。

○協働ワーク研修講義パートワークショップの基盤づくり

協働ワーク研修での講義とワークショップの連携はたいへん重要です。ステップ０で示したとおり、ワークショップにつながる「協働」の意味と意義についての共通理解をつくる講義を企画します 2-12。

○協働ワーク研修ワークショップパートでは何をするの？

ワークショップでは、１テーブルに６人程度＋ファシリテーターの構成で、テーマについて議論します。多様なセクターの参加者が１つのテーブルをかこみます。顔合わせの緊張がほぐれたら、テーマについて糊つき付箋紙でアイディアを出しあい、それをもとに議論していく、いわゆるワークショップです（ＬＯＲＣ協働研修では講義＋ワークショップで協働ワーク研修としています） 2-13。協働研修のワークショップの大きな特徴は、ファシリテーターが重要な役割を果たすことです 4章。

ワークショップの規模は、４～６テーブル、１テーブルの人数は６人程度がめどとなります。人数が多いと一体感が損なわれ、発言しない（できな

2-9（つづき）２日間日程（下表）

1日め

時間	内容		見込(分)
9:30	運営側集合		
10:30	開始・挨拶		10〜15
	講義パート	講義	60
		質疑応答	10〜15
12:00	休憩・昼食		60
13:00	再開		
	ワークショップパート	グループ編成、運営方法などの説明	10
		自己紹介・導入〔アイスブレイク〕	150
		テーマに関する情報・意見交換〔発散〕	
15:45頃		中間発表のための整理、発表者決め	15
16:00	中間発表	5分×6グループ 講師orリーダーのコメント	30〜40
16:40	事務連絡など		10
	アンケート実施		10
17:00	研修終了		
17:30	運営会議打ち合わせ（ファシリテーター打ち合わせ含）		

※ワークショップ中の休憩はファシリテーターが適宜判断してとる

2日め

時間	内容		見込(分)
9:00	運営側集合		
10:00	開始		5
	ワークショップパート	前日の続き〔発散〕	115
		整理や論点の抽出〔構造化〕	
		政策手法や方向性〔合意形成〕	
12:00	休憩・昼食		60
13:00	ワークショップパート	午前の続き〔合意形成〕	100
		発表に向けて準備	
	（※ミニレクチャー）		20
15:00	発表と質疑応答		90
	講評		15
16:45	アンケート実施		10
	閉会の挨拶・事務連絡など		5
17:00	参加者全員での懇親会		60
18:00	解散		
18:15	後片付け		

※ミニレクチャーは、ファシリテーターリーダーがワークショップの終了にあたって「ファシリテーターの役割」について20〜30分程おこなった。必須ではないが、ファシリテーターの重要性を体感した参加者が、より深くその役割を知る機会となり、好評であった。また発表前のリフレッシュにもなった。

2-10　同日開催では講師や運営スタッフの調整が大変であろうという意図なので、開催できるようなら同日開催でも構いません。

2-11　講義は講師の個性や分野を発揮するものであることはもちろんですが､事前に企画の意図をきちんと講師に伝え、講義にいかしてもらいましょう。協働ワーク研修の講師と同一人物でもかまいません。また、講師にもぜひ運営会議に参加してもらいましょう。

参照：Q＆A７

2-12　企画の内容を理解し､「市民が行政を手伝ってくれること」と誤解されがちな「協働」の意味と意義を語ってくれる講師をさがし、運営会議にも参加してもらいましょう。

参加者にとって、ワークショップの意義､「セクターをこえたマルチパートナーシップ」による「協働」の可能性と課題などが理解され、ワークショップの誘導になるような講議が望ましいでしょう。

2-13　ワークショップの議論の進行（右図）

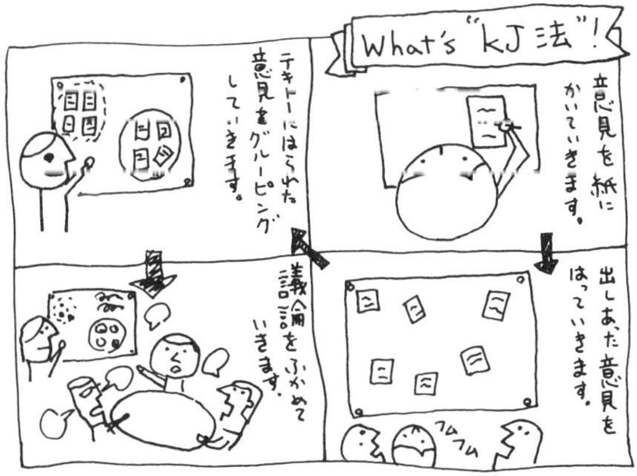

い）人が出てくる可能性もあります。「５～７人（そのうち２～３人が他セクター）＋ファシリテーター」くらいでしょう。☞ Q＆A 10

テーブルに多様なセクターが存在するようにワークショップを設計して下さい。☞ 2-14。年齢や性別のバランスも重要です。☞ Q＆A 14

１日の研修を終了するときには各グループが議論した内容を発表します。ですが、毎日の発表の内容や到達目標を細かく設定するのはやめましょう。議論そのものとそのプロセスを経験することが研修の目的だからです。

３日間日程の場合、初日は参加者の緊張をほぐし（アイスブレイク）、情報の共有をはじめ（発散）、２日めはその続きから、出てきた素材を整理し（構造化）、３日めは整理からまとめ（合意形成）、発表というめどになるでしょう。ペース配分はファシリテーターに任せます。☞ 2-15、52ページ

○協働ワーク研修ワークショップパートのテーマは？

ＬＯＲＣでは「高齢者」「子ども」をテーマに、地域でこれらをとりまく課題とそれに効く政策やとりくみを議論しました。

ワークショップパートのテーマはアレンジの対象となりやすい点ではないでしょうか。ＬＯＲＣの２テーマのように、高齢者施策や子ども施策といった「議論のとっかかりがひろく、参加しやすい分野の大きめのネタ」、あるいは「ふみこんだ議論をする個別具体ネタ」がありえます ☞ 2-16、１章２。

企画ステップ３　メンバーとスケジュールの調整をしよう

○２～３日にわたるワークショップを

できるだけ連続した日程、もしくはごく近い期間に、密接な議論ができる長めの時間を用意して下さい。最低でも２日、連続でとることをめざして下

企画ステップ２

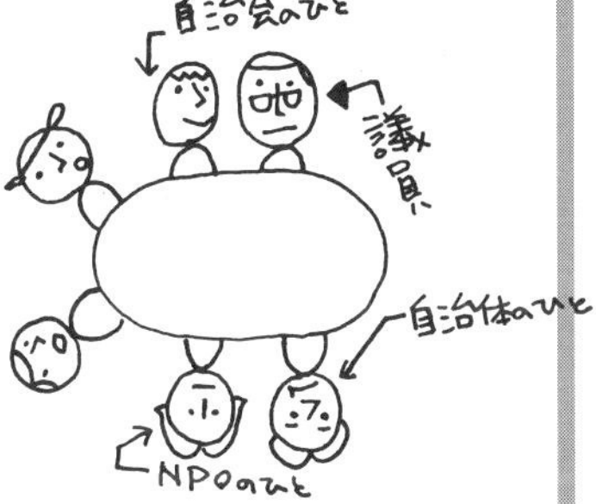

2-14 テーブル座席配置のイメージ
　多様なセクターの参加者をバランスよく配置することは重要です。たとえば、地縁組織とＮＰＯ団体の参加者が同じテーブルにいるように配置しましたが、おなじ市民社会セクターでも両者は意外と距離のある存在であり、研修での「出会い」がよい刺激になったと両者から評価がありました。
　地元企業人や議会議員、大学生にも参加いただいた例があります。人数やセクターにばらつきもあるでしょうが、職員とその他１セクターのみで構成するのではなく、テーブルに多様なセクターが存在するようにワークショップを設計して下さい（上図）。
　参照：Ｑ＆Ａ 10、14

2-15 ＬＯＲＣ協働研修のワークショップと具体的なファシリテートのステップについて下表、また詳しくは４章をご覧下さい。

ステップ	ファシリテートの内容
1　空間（場）をつくる	メンバーの緊張をほぐし（アイスブレイク）、自由で対等な議論ができる雰囲気をつくっていく。
2　素材を引き出す	テーマにかかわることなど、メンバーが自身の情報、知恵、経験などを出しあい、出しつくすことを手助けする（発散、ブレインストーミング）。
3　素材を構造化する	似た内容の素材をまとめたり、つなげたり、相反する意見をとりあげたりして、素材を整理する。優先順位や重要度をつけるなどし、論点をきりだし議論する。
4　合意形成につなげる	（3）での議論をふまえ、合意のための議論をすすめ、提案や結論にまとめていく。

プログラム概要を決定！

企画ステップ３

2-16　ＬＯＲＣではまずは「みんなが同じくらい議論できる」ことを優先し、「大きめのネタ」を選択しました。「合併後のまちづくり」など、「さらに大きいネタ」にすることもありえます。企画の目標によっては「小さいネタ」でより具体的な政策形成を試みることもあるでしょう。いずれにしても、議論にならず言いっぱなしで散漫な発言でおわる、ということのないよう、企画や運営に注意が必要でしょう。

さい☞2-17。単独開催の場合管理職研修は別日程で構いません。

職員にも市民にも複数日にわたる日程を調整することは簡単ではありません。運営会議でプログラムの概要が固まったら、できるだけ早く日程を調整しましょう☞2-18。概要が決まってから２～３ヶ月程度先がめどでしょうか。運営会議に外部の協力団体が入っていれば、庁内の事情だけでなく協力団体の事情や想定される協力者の事情に配慮した日程が設定できます。どんな参加者に集まってもらうかについては、次の項で解説します。

フィールドワークなどをあわせて実施する場合には、その時期にも配慮が必要です。フィールドワークの協力者と、運営会議で調整して下さい。

○どんなひとに参加してもらえばいい？

管理職研修を単独開催するとして、全体を見てみましょう。

●管理職研修→課長級以上の職員、講師、首長または幹部（講話）

●協働ワーク研修☞2-19

　　→係長級職員、市民参加者、ファシリテーター、講師

●運営スタッフ　当日の運営リーダー、ファシリテーターリーダーなど。

市民やファシリテーターの参加については、☞2-19と関連するＱ＆Ａを見て下さい。

管理職研修と協働ワーク研修の講義パートを同時に開催する場合には、管理職がそこに入りますので、大きな会場を用意します。合同開催すると、市民の目線がある講義として管理職にも好評でした。他方、別に開催すると、管理職研修では内部のトップマネジメントに直結する講義となったり、協働ワーク研修ではワークショップの会場で開催できて一体感が増すといった利点があります。

2-17　近い期間に日程をとることは大変重要です。初対面で遠慮しあって話が進まない、その緊張がせっかくほぐれても、期間が空けばまた固まってしまいます。人間は忘れる動物です。議論したことも忘れられてしまいます。熱いうちに議論することでロスなく積み重ねられます。そのことが結局、時間を無為に使わなくて済むといえます。フィールドワークを想定している研修でも、フィールドワークで得た刺激が強いうちに、議論にすすむよう設計することが求められます。

2-18　職員を派遣する現場の部局の理解を得ることが難しいといわれます。しかし、極力、すべての日程に参加してもらうようにしてください。協力した市民のかたからも、「一部の日程だけ参加されると、議論を積み重ねなおすことになり困った」という指摘がありました。

　また、日程の一部を週末にかける（金・土、日・月など）やりかたもありえるかもしれません。協力いただく市民や団体の事情にも配慮し、柔軟に設計しましょう。

2-19　●係長級職員の参加

　ＬＯＲＣ協働研修では、現場で一定の権限がある係長級を重要視し対象としました。より広い層に焦点をあてたらどうかという声、職務として来る職員にモチベーションが低い参加者がいることを指摘し、公募で意欲ある参加者を募集したほうがよい、などの声も参加者からありました。

　参照：Ｑ＆Ａ８

●市民参加者

　市民社会セクターからはＮＰＯ団体や地縁組織を中心に協力を呼びかけました。地域の企業人、地方議会議員、大学生などが参加した事例もあります。滋賀県３市共同研修では参加者の地域の違いも刺激になったといわれます。

　参照：Ｑ＆Ａ 11、Ｑ＆Ａ 14

●ファシリテーター

　ファシリテーターは、できれば外部のＮＰＯ、中間支援組織などから派遣されることをお薦めします。行政側でも市民側でもない、中立的な立場でかかわる「第三者」の存在によって、自分と相手だけの関係（いいかえれば、敵味方の関係）ではない、開かれた議論の雰囲気をつくりだすことができます。

管理職研修、合同開催の場合には講義パートで、首長や副市長･助役級の幹部、「協働」への積極姿勢を示していただくと効果的です 2-20。

○市民に謝礼を用意すべき？

ワークショップに参加していただく市民には、その時間と知恵をお借りすることになります。研修として開催するとき、職務として有給で参加する職員の研修に、２日また３日にわたって時間をいただくことの意味を理解し、謝礼や必要経費は支出するべきとＬＯＲＣでは考えます。ただしこれまでのやりかたからは違和感があるかもしれません。支出のしかたやその考え方については、 Ｑ＆Ａ３を参照してください。

企画ステップ４　打ち合わせと資料作成を丁寧に

内容とメンバーが決まったら、運営会議でさらに当日にむけ準備をを進めましょう 2-21。23ページのスケジュール表や52ページのファシリテート例を参考に、実施ステップにあわせ打ち合わせして下さい。

○講師に企画意図を十分に伝え、講義の内容を調整します

○ファシリテーターには運営会議にも参加してもらう

ファシリテーターの役割は重要です。参加者のイメージ、議論の進行のイメージや方針を打ち合わせて下さい。テーブルへの参加者の配置についても事前に準備します。 2-22。

当日には、テーブル担当ではなく、ファシリテーターと議論の状況を全体で把握するファシリテーターリーダーを用意するとよいでしょう。

企画ステップ３

参照：４章、Ｑ＆Ａ６、Ｑ＆Ａ12

●講師

講師についても、組織やセクターの外部からまねくことで、その評価や目線が、職員にも市民にもよい刺激になるのではないでしょうか。

「開放性と連携」がこの研修の特徴でもあります。運営会議にもかかわってもらえ、「協働」の意味と可能性を伝えてくれる講師をぜひ探して下さい。管理職研修と同一人でも大丈夫です。

参照：Ｑ＆Ａ７

2-20 首長が自治や分権、「協働」について課題意識ないし政策方針を持っている場合には、幹部職員にたいしそれを発話し意思表示する機会として活用されることが期待されます。「協働」への意識とその理解にたいする影響は大きいはずです。

メンバーと
スケジュールが決定！

企画ステップ４

2-21 庁内、庁外の組織やひととの連携は、目標や意義を理解し共有してもらうために丁寧なプロセスが必要になります。連携による研修の実施が、今後にもつながっていくように、運営会議を進めて下さい。

2-22 積極的に話しだす人かどうか、問題意識の強い人か、など、参加メンバーそれぞれについて事情が分かる範囲で把握できると、運営を考えた配置ができるでしょう。その場合はぜひともファシリテーターと相談し、情報を共有しながら進めて下さい。その配置によってどのファシリテーターがどのテーブルにつくか、といった細かな対応ができるはずです。

繰り返しになりますが、１つのテーブルに多様な人材が配置されるように努力して下さい。

○当日の役割分担

開始、終了を宣言し、様子をみてタイムキープをおこなう運営リーダーが必要でしょう。ファシリテーターリーダーと同一人物でも構いません。

ファシリテーター、設営スタッフなど、３章の実施ステップにあわせ担当を決めます。急病人が出たときの対応なども検討しましょう Q&A 16。

○必要な場合、議論する内容について資料を作成します

2-23 。

○ほか、備品などの準備については３章実施ステップ０で解説します。

企画ステップ５　いよいよ実施です！

実施の流れを３章、ファシリテートについて４章でご覧下さい 2-24。

企画ステップ６　フォローアップや効果測定を企画する

実施後の検証やフォローアップを企画しておくことをお勧めします。参加者の研修効果の持続も期待でき、研修手法の改革にもつながります。

検証の対象は、直接には

　　１ 職員　　２ 参加した市民　があげられます。

ＬＯＲＣでは２、３ヶ月後から半年後にフォローアップ研修を実施、それに先立って準備アンケートを両者に行いました。その結果をふまえ、

　　３ 協力した団体　４ 実施した運営会議

について成果、目標と手法の検証、課題について検討しました。

ＬＯＲＣ協働研修でのフォローアップ研修、それをふまえた協働研修の成果と課題については、５章、６章をご覧下さい 2-25。

企画ステップ４

2-23　ＬＯＲＣが行ったような子育て政策、高齢者政策などの大きめのテーマなら、自治体の全体像がわかる統計資料があると話題のきっかけになるかもしれません。複数の自治体や組織で合同で開催する場合は、地域による違いを概観しておくことも有益でしょう。
　ただ、資料を読む時間をとられたりその内容に拘束されるのは本末転倒ですから、必要最小限にとどめ、用意しないという判断でもかまいません。運営会議でファシリテーターと相談して決めて下さい。

準備完了！

企画ステップ５

2-24　ＤＶＤにはＬＯＲＣで試行した市民協働研修の映像記録が収録されています。
　熊本モデルでは概要と流れがわかりやすく､滋賀県と寝屋川市では当日の議論の報告会の様子や雰囲気がよくわかります。

研修が終了！

企画ステップ６

2-25　ほか、付属ＤＶＤには当日やフォローアップアンケートの用紙、最初の試行例である熊本市研修の報告書、各試行例アンケート結果が収録されています。

企画と成果を総括しよう！

3）実施の流れとポイント

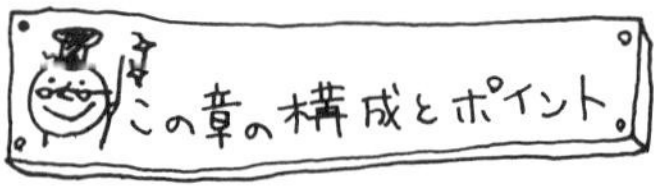

ＬＯＲＣ協働研修は、管理職研修＋協働ワーク研修（講義＋ワークショップ）です。ここでは管理職研修を前日に単独開催し、協働ワーク研修を３日間で開催するとして実施ステップを示します。

０．準備と備品の確認、→１．管理職研修の実施、→２．協働ワーク研修最終ミーティングと設営、→４．講義パート、→５．ワークショップパート、→６．初日終了とふりかえりミーティング、→７．２日め、→８．最終日のまとめ、と進みます。

本文、解説ともお読み下さい。

ワークショップにおける議論はファシリテーターの進行にまかせ、運営スタッフは各テーブルが活発な議論ができるよう側面支援をしてください ４章。

管理職研修を前日に単独開催し、ついで３日間の協働ワーク研修を行う企画として解説します。補足を参考に、適宜アレンジして下さい。

実施ステップ０　準備と備品の確認

実施ステップに入ります 3-1。まず備品など準備の確認から。

(1)管理職研修（単独開催の場合）に必要な準備

(2)協働ワーク研修の運営や設営などの準備

(3)協働ワーク研修でワークショップに必要な準備

にわけて説明します。巻末資料チェックリストも活用して下さい 3-2。

協働ワーク研修のスケジュール例（３日間、再掲)。２日間日程→25ページ

1日め

時間	内容		見込(分)
11:30	運営側集合、準備（昼食含む		
13:00	開始・挨拶		10～15
	講義パート	講義	60
		質疑応答	10～15
14:30	ワークショップパート	グループ編成、運営方法などの説明	90
		自己紹介・導入〔アイスブレイク〕	
		テーマに関する情報・意見交換〔発散〕	
		中間発表のための整理、発表者決め	20
16:20頃	中間発表	５分×６グループ講師orリーダーのコメント	30～40
16:45	事務連絡など		5
	アンケート実施		10
17:00	研修終了		
17:15	運営会議打ち合わせ（ファシリテーター打ち合わせ含)		

※ワークショップ中の休憩はファシリテーターが適宜判断してとる

2日め

時間	内容		見込(分)
11:30	運営側集合、準備（昼食含む		
13:00	開始		
13:00	ワークショップパート	前日の続き〔発散〕	115
		整理や論点の抽出〔構造化〕	
		政策手法や方向性〔合意形成〕	
		中間発表のための整理、発表者決め	20
16:20頃	中間発表	５分×６グループ講師orリーダーのコメント	30～40
16:45	事務連絡など		5
	アンケート実施		10
17:00	研修終了		
17:15	運営会議打ち合わせ（ファシリテーター打ち合わせ含)		

3日め

時間	内容		見込(分)
9:00	運営側集合		
10:00	開始		
10:00	ワークショップパート	前日の続き〔構造化〕	120
		政策手法や方向性〔合意形成〕	
12:00	休憩・昼食		60
13:00	ワークショップパート	午前の続き〔合意形成〕	100
		発表に向けて準備	
	（※ミニレクチャー）		20
15:00	発表と質疑応答		90
	講評		15
16:45	アンケート実施		10
	閉会の挨拶・事務連絡など		5
17:00	参加者全員での懇親会		60
18:00	解散		
18:15	後片付け		

※ミニレクチャーは、ファシリテーターリーダーがワークショップの終了にあたって「ファシリテーターの役割」について20～30分程おこなった。必須ではないが、ファシリテーターの重要性を体感した参加者が、より深くその役割を知る機会となり、好評であった。また発表前のリフレッシュにもなった。

実施ステップ０

3-1　ＤＶＤの映像記録、熊本モデル企画編にも、企画や運営の手順が解説されています。

3-2　本書巻末、またＤＶＤデータ部分には(1)～(3)にも対応した実施のチェックリストも収録されています。コピーや加工してお使いください。

(1)　管理職研修に必要な準備

・会場。人数にたいして大きすぎない会場を。
・演台とマイク（演台用、司会用、会場用は司会用と共用も可）
・（講義に必要な場合）プレゼンテーション用スクリーン、プロジェクター
・配布資料
・管理職研修終了時のアンケート 3-3
・講師謝礼など、支払いが発生する場合の準備

(2)　協働ワーク研修の運営や設営などの準備 3-4

管理職研修と講義パートを合同開催する場合は、講義パート用に全員が入る会場を用意します。その場合は(1)を参考にして下さい。

・会場とワークショップ用のテーブル 3-5
・講義パート用演台 3-6（講義会場が異なる場合は不要）。
・（講義に必要な場合）プレゼンテーション用スクリーン、プロジェクター
・マイク 3-7
・配布資料
・ワークショップ終了時のアンケート 3-8
・受付や参加確認のための参加者名簿。受付机。
・運営グループ用テーブル
・休憩時などのための飲み物やお菓子のサービステーブル 3-9
・謝礼や支払いなどの準備

(3)　協働ワーク研修のワークショップに必要な準備

・大判（手のひら大）の糊つき箋紙 3-10
・太字サインペンかフェルトペン 3-11
・カラーサインペン 3-12

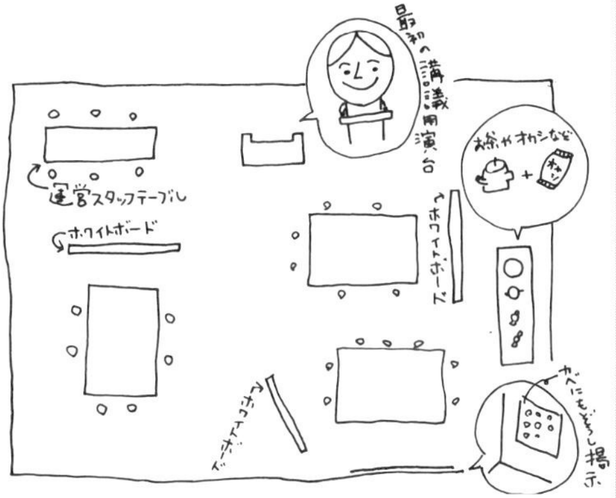

3-3　アンケート設問例は実施ステップ１、また、ＤＶＤデータ部分にはアンケート用紙例も収録されています。

3-4　右図を参考にして下さい。ワークショップのテーブル数は図では３卓ですが、参加人数にあわせて調整して下さい。
参照：Ｑ＆Ａ 10

3-5　１テーブル参加者＋ファシリテーターで６～８席。会議テーブルを組み合わせるなどして、議論がすすむくらい近い距離感で、模造紙をひろげられるくらいの大きさに。

3-6　ワークショップのどのテーブルからも見えるように配置します。

3-7　会場サイズにもよりますが、演台用、運営用の２本があると便利。

3-8　開催中は毎日とりましょう。用紙例はステップ３以降で示します。ＤＶＤにも用紙例を収録しました。必要に応じて項目を変えて利用下さい。

3-9　議論のあいだに挟む休憩は大事です。なごやかな雰囲気づくりにも。

3-10　テーブル×２～３個×２～３色。

3-11　付箋紙記入用。裏うつりしないものを。（人数＋予備）×テーブル。

3-12　模造紙上で付箋を整理したり、まとめたりするためのもの。裏うつり

・大判の模造紙 3-13
・模造紙を掲示するための留め具 3-14
・自己紹介用Ａ３またはＡ４用紙 3-15
・ネームカード（参加者＋運営スタッフ） 3-16

それぞれ、多少余裕を持って用意することが望ましいでしょう。

実施ステップ１　（単独開催の場合）管理職研修の開催

ここでは、協働ワーク研修の前日に管理職研修が単独開催されるものとして解説します。

合同開催の場合、ワークショップと同会場では手狭でしょうから、このような管理職研修会場での開催に準じるのではないでしょうか。

受付で名簿と参加者を確認、資料とアンケート 3-17を配ります。
首長また幹部の講話などのあと、講師の講演となります。
終了後は、アンケートの回収をわすれずに。

実施ステップ２　前日最終ミーティングと設営

前日、あるいは当日朝、役割分担の確認と最終チェックをし、あわせて設営しておきましょう。

○最終ファシリテーターミーティングと役割確認

事前ミーティングでは、ファシリテーターは最終調整を。
参加者のテーブル配置、担当ファシリテーターを最終確認します。研修の目的を再確認し、参加者についての情報交換もおこない、初日の議論の進行しないものがよい。2～3色×テーブル。

☞3-13　（日数×2）×テーブル＋α。1日で2、3枚つかうことも。

☞3-14　画鋲、マグネット、セロハンテープ、ガムテープなど、環境にあわせて用意。壁に模造紙をはるなら画鋲かガムテープ、黒板やホワイトボードなどにはセロテープやマグネット、など

☞3-15　参加者人数分用意。普通紙で可。4ツ折～8ツ折してアイスブレイクで使用
☞4章53ページ。

☞3-16　参加者＋スタッフ分。

☞3-17　管理職アンケート設問の例（DVDには用紙例が収録されています）

設問	選択肢
1. この研修は成果がありましたか？	1、非常に成果があった 2、成果があった 3、あまり成果がなかった 4、成果がなかった （理由を書く自由記入欄）
2. 研修テーマはどうでしたか？	1、非常に理解しやすい 2、理解しやすい 3、やや理解しにくい 4、理解しにくい （理由を書く自由記入欄）
3. 受講時間はどうでしたか？	1、長すぎる 2、やや長い 3、普通 4、やや短い 5、短い （理由を書く自由記入欄）
4. この研修は、今後の業務に役立ちますか？	1、非常に役立つ 2、役立つ 3、あまり役立たない 4、わかりにくい （理由を書く自由記入欄）
5.　その他、意見や感想等（自由記入欄）	
6.　その他、職員研修に対する意見・要望等（自由記入欄）	

実施ステップ0

準備する物品を確認、手配

実施ステップ1

管理職研修が終了！

実施ステップ2

方針をイメージしてもらうとよいでしょう 4章2。

運営側は、議論の進行についてはファシリテーターとファシリテーターリーダーに任せることを確認します。細かな到達目標を設定することはやめましょう 3-18、Q&A 13。

役割分担を最終確認、災害や病人などにかかわる対応も確認します。

○模造紙が壁面とホワイトボードに掲示できるような設営を

議論の軌跡になる模造紙を（重ねてでも）掲示できる壁面スペースやホワイトボードを配置して設営できるとベターです 3-19。

1日に1テーブルが複数枚の模造紙をつかうこともあります。すべて掲示しなければいけないわけではありませんが、スペースを有効に活用し、できるだけ掲示できるように配置しましょう。

壁面にテープや画鋲で模造紙をとめられない場合は、ダンボールやパネルボードなどで即席の掲示スペースをつくるなど、工夫してください。

実施ステップ3　協働ワーク研修初日、講義パートの開始

いよいよ協働ワーク研修です。受付で名簿を確認、参加者に資料と初日用アンケート 3-20（43ページ）を配ります。

テーブルについてもらい、講義の開始までは自由に会話してもらいます。ファシリテーターも雑談から参加してもらいます。

○開始から講義へ

運営リーダーがマイクで全員に着席を誘導し、講師がみえる位置に椅子を動かしてもらいます。講義がはじまるまえに、参加者に体調の悪いかたはいないか確認をしておきましょう 3-21。

実施ステップ２

3-18　ファシリテーターが議論の誘導、整理をすることで、参加者に参加の実感のある議論とすることができるでしょう。声の大きい人だけが意見をとおす、誰も口を開く人がいなくて議論にならない、という事態を避けることが必要です。そのためのファシリテーターは、議論の「第三者」として位置取りできることが求められます。くりかえしになりますが、中間支援組織研究機関など､外部からの派遣や協力で構成することをお勧めします。

参照：Q＆A 12

3-19　ワークショップとホワイトボード・模造紙の活用

壁面が使えないグループには
ホワイトボードを2つおくとか工夫が大事!
壁が使いにくい時は
ダンボールで即席のパネルとかでOK!
・模造紙が何枚も
重ねられるように!

協働ワーク研修準備万端！

実施ステップ３

3-21　これから２日、また３日にわたり、あまりやったことのないスタイルの研修を、高い密度でおこなうことになります。はじまるまえはもちろん、途中でも、体調に不安を感じたらすぐに運営側に申し出ることを参加者に確認して下さい。

○講師による講義、質疑応答

講義はワークショップパートへのガイダンスとなったでしょうか？　終了したら休憩をとって、講義の熱がさめないうちに、ワークショップへ。

実施ステップ４　ワークショップ開始！

ワークショップは協働ワーク研修の核心であり、ファシリテーターが重要な役割をにないます。ファシリテーターの役割、ＬＯＲＣ協働研修での進行は、別に章をおこし解説しましたのでそちらをご覧下さい☞４章とくに51～54ページ。ここでは日ごとの流れを解説します。

運営リーダーがワークショップ開始を宣言したら、休憩などはテーブルごとに議論の進捗をみてファシリテーターが判断し、設定します。ファシリテーターリーダーは各テーブルの様子を把握し必要があれば対応します☞Ｑ＆Ａ15。時間配分の変更もありえるでしょう。運営スタッフはその補助や物品の過不足など対応します。

くりかえしますが、議論とそのプロセスそのものを目的とする協働研修では、日ごとのおおまかな到達度以上の目標は用意していません。

実施ステップ５　初日終了、ふりかえりミーティング

○初日の到達点、中間発表と終了

初日は初対面の緊張を克服し、議論するテーマにたいしてのアイディアや感触を出しはじめたあたりで終了となると思われます。初日はとくに、立場や職業を離れ、自由に発言できるテーブルの空間（場雰囲気）づくり、

実施ステップ 3

講義終了、ワークショップへ

実施ステップ 4

ワークショップ終了！

実施ステップ 5

3-20　（40 ページより参照）
初日用アンケートの例

【平成○○年○○月○○日】

協働ワーク研修アンケート調査表（1 日目）

ご所属＿＿＿＿＿＿＿＿＿＿＿＿　お名前＿＿＿＿＿＿＿＿＿＿＿＿

本日は、お疲れ様でした。今後の研修立案の参考にさせていただきたいと思いますので、アンケートにご協力をお願いいたします。

（1）【○○　○○　先生】の講義を聞いてどのような印象をお持ちになりましたか。

（2）このワークショップに何を期待されますか。

ご協力ありがとうございました。
※ご記入いただいた個人情報は、本研修の目的以外に使用することはありません。

ＤＶＤに用紙例のファイルが収録されています。

メンバーの関係づくりが重要です。

ファシリテーターは終了1時間くらい前から、メンバーにその日の内容を整理してもらい、各テーブル5分程度で発表してもらいます。

初日用アンケートに記入してもらい、回収します。運営リーダーが終了を告げます。

○ふりかえりミーティング

終了後、ファシリテーターとふりかえりミーティングをしてください。議論の様子や進捗、テーブルの雰囲気を話し合い、翌日の方針やメンバー変更の必要があるかどうかなどを相談しあいます☞4章50ページ後段。

運営で気がついたところを確認、補充すべき物品があれば手配します。

実施ステップ6　2日め

3日にわたる研修の場合は、2日めに入ります☞3-22。2日間日程の場合は、ステップ7と8をあわせて考えて下さい。

受付でアンケート☞3-23を配ります。

初日の開始時にくらべてよりうちとけた雰囲気で議論がはじまり、踏み込んだ議論ができればなによりです☞3-24。

○新しい参加者がいる場合

日によって参加者の一部が入れ替わる場合は、議論にスムーズに入れるよう、ファシリテーターも運営スタッフも気をつけてください☞3-25。

実施ステップ５

3-22　マニュアル化できない流れをもつ議論がこの日の中心のため、本文の記述は簡略です。スケジュール例、４章とくに52ページ表をご参照下さい。ファシリテーターにとっては議論ですすめるこの日がいちばん難しいと言われます。

3-23　２日めアンケート用紙の例

【平成○○年○○月○○日】

協働ワーク研修アンケート調査表（２日目）

ご所属　　　　　　　　　お名前

本日は、お疲れ様でした。今後の研修立案の参考にさせていただきたいと思いますので、アンケートにご協力をお願いいたします。

（１）期待通りの話し合いをすることができましたか。

（２）テーマに関し、見方や考え方を深めることができましたか。

ご協力ありがとうございました。
※ご記入いただいた個人情報は、本研修以外の目的に使用することはありません。

ＤＶＤにファイルが収録されています。

初日終了！！

実施ステップ６

3-24　議論は参加する人によって多彩にかわる「生き物」ですから、こうでなければいけない、ということはありません。成果や議論のまとまりをいそがず、ファシリテーターの進行に任せましょう。
　政策形成系のテーマを設定した場合は、政策課題からその対策としての政策・施策提案をめざしていく、というかたちになるでしょうか。そうした提案のなかに、市民と行政それぞれの役割や可能性をおりこむことも意識されるとよいでしょう。

3-25　とはいえ、議論が進んだテーブルに入ることは、入るほうも迎えるほうもそれなりに大変で、追いつくまでに時間がかかります。できるだけ全日程参加してもらえるよう、事前に調整を。Ｑ＆Ａ４も参照。

○２日めの中間発表

議論の様子を見ながら、終了予定時刻１時間くらい前から、この日の議論を整理してもらい、２日めの中間発表です。

発表のあとはアンケートを記入してもらい、１日めと同様に終了します。

終了後は、ファシリテーターも入ってミーティングをおこない、各テーブルの状況や明日の議論のとりまとめなどを確認します。

実施ステップ７　最終日おつかれさま！

最終日となりました。受付、アンケート 3-26 を配付します。

○ワークショップで議論をまとめ、発表の準備を

議論のまとめをおこない、発表を準備します。発表の内容ややりかた、発表者などの役割分担をテーブル単位ですすめてもらいます 3-27。

○発表と講評、打ち上げで終了！

最後の２時間は、各テーブル 15 分程度の発表をおこないます。

講師または関係者による講評を行います。

発表が終了したら、簡単でかまいません、のみものやお菓子などで打ち上げする時間をとりましょう 3-28。

最終日アンケートを忘れずに回収します。

懇親会解散後、会場の後始末をして終了です。おつかれさまでした！

実施ステップ6

2日めも終了！

実施ステップ7

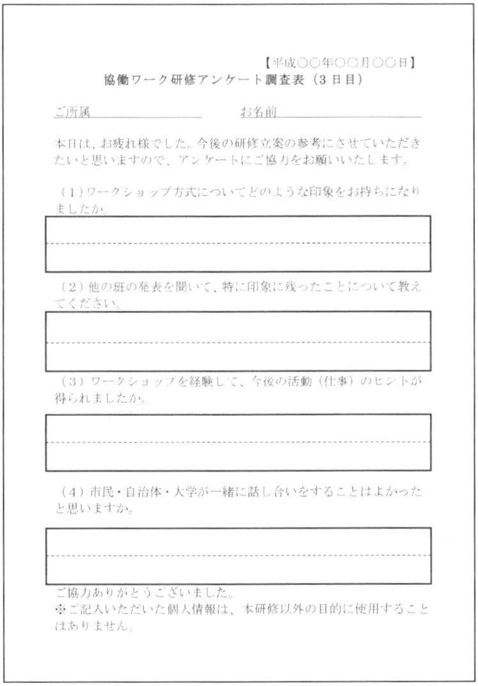
【平成○○年○○月○○日】

協働ワーク研修アンケート調査表（3日目）

ご所属　　　　　　　　お名前

本日は、お疲れ様でした。今後の研修立案の参考にさせていただきたいと思いますので、アンケートにご協力をお願いいたします。

（1）ワークショップ方式についてどのような印象をお持ちになりましたか。

（2）他の班の発表を聞いて、特に印象に残ったことについて教えてください。

（3）ワークショップを経験して、今後の活動（仕事）のヒントが得られましたか。

（4）市民・自治体・大学が一緒に話し合いをすることはよかったと思いますか。

ご協力ありがとうございました。

※ご記入いただいた個人情報は、本研修以外の目的に使用することはありません。

3-26　3日めアンケート用紙の例

3-27　発表のやりかたは形式を定めず時間のめどだけ示し、それぞれのテーブルの創意工夫でしてもらってください。

代表者が報告し他のメンバーが模造紙を示すパターン、全員で分担して報告するパターン、プレゼンテーションソフトをつかうパターンと、多様であることで他のテーブルの発表を聞くことも刺激的に。

3-28　研修ではありますが、それぞれのテーブルには3日間の議論を共有したつながりができているはずです。ワークショップ終了後は飲み物とおやつなどで簡単な懇親会を行いましょう。参加者どうしのつながりが今後に生きるきっかけになるかもしれません。

全日程が終了。おつかれさまでした！

4）ＬＯＲＣ協働研修とファシリテーター

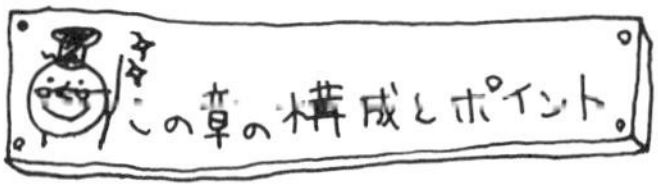

本書でくりかえし重要としてきた、ワークショップでのファシリテーターとファシリテートについて、ご説明します。１では概要として一般的なファシリテーターの役割を、２ではＬＯＲＣ協働研修でのファシリテートについてふれ、ＬＯＲＣ協働研修に継続してかかわられたファシリテーターの実感をコラムでご紹介しています。

本章の記述にあたり、協働研修の企画とファシリテーターコーディネートに深くかかわられた（特活）きょうとＮＰＯセンターの事務局長でありＬＯＲＣ研究員でもある深尾昌峰さん、すべての協働研修でファシリテーターをされた野池雅人さんにインタビューにご協力いただき、野池さんにはその実際をコラムでいただきました。なお、文責はすべて著者にあります。

１．ファシリテーターの役割

○「ファシリテート」をする人

本書でくりかえし出てきた耳慣れない用語「ファシリテーター」。もともとは「ファシリテートするひと」のことです。では、ファシリテート（facilitate）とは、どういう意味でしょうか？　辞書には、「容易にする」「促進する」などとあります（『リーダーズ英和辞典第２版』）。

たとえば、ワークショップに限らず、議論しようとしてテーブルを囲んだ場面を想像してみましょう。お互いに遠慮しあって会話もぎこちない。与えられたテーマについて発想のきっかけがみつからない。立場が邪魔して本音が言えない。声の大きい人、発言の長い人と、いっさい口を開かない人にわかれてしまう。こうした状況を経験したことがあるでしょう。

ワークショップの核心は参加者のあいだの議論です。自由で、いきいきと、刺激しあい、楽しく議論ができること。それはつまり、参加者のあいだにそうした関係ができて、テーブルがそうした空間になっているということです。メンバーがもつ情報や知恵や経験や発想を出しあって、ともに合意や成果をつくりあげていくための、関係と空間をつくる手助けをすること。それがファシリテートであり、その役を担うのがファシリテーターです。したがって、ファシリテーターは、司会でも、指導者でも、監督でもありません。議論を恣意的に誘導することもありません。

○ファシリテーターの役割

もう少し具体的に、ファシリテートを大きく４つのステップにわけてみましょう。

ステップ	ファシリテートの内容
1　空間（場）をつくる	メンバーの緊張をほぐし（アイスブレイク）、自由で対等な議論ができる雰囲気をつくっていく。
2　素材を引き出す	テーマにかかわることなど、メンバーが自身の情報、知恵、経験などを出しあい、出しつくすことを手助けする（発散、ブレインストーミング）。
3　素材を構造化する	似た内容の素材をまとめたり、つなげたり、相反する意見をとりあげたりして、素材を整理する。優先順位や重要度をつけるなどし、論点をきりだし議論する。
4　合意形成につなげる	（３）での議論をふまえ、合意のための議論をすすめ、提案や結論にまとめていく。

どのステップについても、ファシリテーターが答えをもっているのではありません。メンバーが自立性を高めながら、みずからつくりあげていく過程そのものがワークショップなのです。このようなファシリテーター役に必要な力はどんなものかについては、ＬＯＲＣ協働研修でのファシリテーター役に求められる能力として、後述することにします。

参考文献　堀　公俊『ファシリテーター入門』日経ビジネス新書。
中野民夫『ワークショップ』岩波書店。

２．ＬＯＲＣ協働研修のファシリテート

○ＬＯＲＣ協働研修の特徴

では、このＬＯＲＣ協働研修でのファシリテートになにか特別な点はあるのでしょうか？　ファシリテーターの役割、促進し、引き出す役割それじたいは変わりません。

ただ、一般には、到達目標（ゴール）が明確な場合が多いのに比べ、ＬＯＲＣ協働研修では「セクターをこえた議論とそのプロセス」そのものが目的になっています。したがって、だいたいの到達点はありますが、そこで具体的なカタチがもとめられているわけではありません。最終日に全体発表がありますが、ＬＯＲＣ協働研修のファシリテーターは「発表がワークショップの目標です」とはいいません。

マラソンでたとえれば、到着する目標地点、速度という評価の指標ではなく、「走ること」そのものが目的になるということです。そうすると、ファシリテーターにもどういうステップで目標にたどり着くかということが描きにくく、見せにくくなります。とくに、３日研修の場合の２日目、ファミリテートステップの２、３をじっくりやる日が難しいといわれます。

こうしたＬＯＲＣ協働研修の特徴をいかしたファシリテートが行われるためには、以下のことが重要といえます。何度も指摘してきたことですが、まず、ファシリテーターに運営会議の段階から企画に参加してもらうこと。それによって、研修のもつ意味や目的が十分理解でき、何をすべきかが共有できるでしょう。ついで、事前のファシリテーターミーティング、１日の研修終了後のミーティングをていねいにすること。アイスブレイクなどファシリテートの手法や他のグループの状況感触などを教えあい、相談しながら進行のイメージを深めることができるでしょう。

ＬＯＲＣ協働研修の特徴をもうひとつあげると、「自治体職員」「ＮＰＯ」

「市民」「議員」といった、属性が明確なメンバーが参加していることです。自治体職員、議員という立場から市民参加者に気を使って緊張する参加者もいます。職場に戻ったら、ここでの発言が何かよくないことにつながるかもしれない、という小さな不安があるのはある意味で当たり前かもしれません。逆もありえます。したがって、ワークショップの基礎になるメンバーのあいだに自由で対等な関係性をつくっていくためには、緊張をほぐしていくためのアイスブレイクを丁寧にする必要があります。

「結果からみて、深い議論ができたテーブルは、対人関係をつくっていけたグループですね。たわいのない話から入っていって、空気づくりができているところは、いい議論ができる」ときょうとＮＰＯセンターの深尾昌峰さんはいいます。「これで終了です、さようなら、と運営側が言っても、テーブルのメンバーがなかなか帰らない。そこでできた対人関係が心地よく、名残惜しいからなんです。そういうグループはいい議論ができています」。

制限時間などを厳密に決めず、メンバーの反応を見ながらファシリテーターが対応できる余白が必要になることがご理解いただけるでしょう。56ページからの野池さんのコラムで、その実際をご覧下さい。

○ＬＯＲＣ協働研修でのファシリテートを時系列でみると…

では、実際に、前述のステップをＬＯＲＣ協働研修にあてはめてみると、52ページの表のようになります。

日程も、概要右のファシリテートステップも、「明確な境界線」がないことに注意して下さい。「議論することとそのプロセス」そのものが目的のＬＯＲＣ協働研修では、１日の到達点もテーブル、ファシリテーターによって異なります。ですが、たとえば、アイスブレイクを丁寧にやって初日は発散にほとんど入れなかったテーブルが、いい関係を作ったことで結局は質の高い議論に至った、という例もめずらしくありません。

表にはファシリテートの概要を示してあります。ついで具体的な手法につ

日程（3日間日程）	日程（2日間日程）	ファシリテートの概要（手法については表外①〜⑤参照）	ファシリテートステップ
1日め	1日め	**〔導入〕**進行などについてガイダンス →① ・研修の目的やファシリテーターの役割、議論のルールなど。	
1日め	1日め	**〔アイスブレイク〕**自己紹介など最初のひとまわり →② ・名前や趣味など他愛ないことでも、テーマの印象など次につながることでも。メンバーがお互いに話しながら職業や立場、初対面という緊張をほぐしていくことが目的。 ・なかなか緊張がほぐれないようならゆっくり時間をかけて。 ・グループワークを通じ、ファシリテーターはメンバーの発言を「聞く・聴く」＝傾聴し、他のメンバーにも聴いてもらう。また、「訊く」＝問いかけによって発言の意味や本質を引き出す。	1 空間（場）をつくる メンバーの緊張をほぐし、自由で対等な議論ができる雰囲気をつくっていく。
1日め／2日め	1日め	**〔発散ブレインストーミング〕**テーマについて情報、発想、意見を出しあっていく →③ ・テーマ(まちの課題など）について感じることを出しあって共有しよう、というところからはじめてみよう。 ・「量より質」「すぐ批判しない」「つけたし歓迎」がルール。 ・メンバーのなかにあるものを出し尽くすことをめざす。 ・相互に触発されて本音が出てくることをめざす。	2 素材を引き出す メンバーが自身の情報、知恵、経験などを出しあい、出しつくすことを手助けする。
2日め	2日め	**〔構造化／収束〕**かみあわせ、整理する →④ ・似た意見をまとめたり、異なる意見を対比したり。「分ける、まとめる、書き換える」によって理解につなげる。 ・重要度や優先順位をつけてみる→論点の整理。 ・意見や議論の軸や枠となる論点、キーワードを見つけ出し、まとめていく。 ↑ 〔構造化・収束〕〔合意形成〕がワークショップの要。 ↓	3 素材を構造化する 素材を整理する。優先順位や重要度などで論点をきりだし議論する。
3日め	2日め	**〔収束・決定／合意形成〕**議論をまとめ、わかちあう→⑤ ・参加者が納得し、テーマについての整理と合意を成果とする。	4 合意形成につなげる 議論をすすめ、提案や結論にまとめていく。
3日め	2日め	**〔発表と講評〕**他テーブルとの共有、懇親	

いて紹介しましょう。ただ、下記にかぎらず創意工夫をこらして下さい

①導入　ご挨拶がわりにガイダンス

●ファシリテーターの役割について、説明しておきましょう。

→ファシリテーターリーダーが冒頭に説明してもいいでしょう。

●あまり堅くならない程度に議論のルールや研修の目的を説明。

→議論のルールは「相手の話を聞くこと」「すぐ批判しないこと」「本音で話すこと」など。やわらかく伝えるように。

→ルールは紙に書いておくことも、ひとつの手法です。

②アイスブレイク　(一例)Ａ３またはＡ４の紙を用意して４～８ツ折りに。

●「名前」「趣味」「今日の朝ご飯」…など簡単な質問をあげ、それぞれ書いてもらいます。字は大きく。メンバーはその紙を示して回答を解説しながら自己紹介。その後も紙を目につくところにおいておきます。

→簡潔に答えを書いてもらうことで、発言が長くなるのを防ぎます。

→メンバーに興味を持ったり休憩時間の話題にしてもらったりするため。

●テーマについて「連想すること」「近ごろ気になること」など話題のきっかけとなる質問も折り込んでおくのもよいでしょう。

●参加者の「固さ」に応じ、必要があれば別の手法も使いましょう。ＬＯＲＣ協働研修は「かなりやわらかめ」になるまで時間をかけます。

③発散　大きめの糊つき付箋紙を使ってどんどん書き出してもらう。

●１枚１項目、太いサインペンで簡潔に。

●自分が書いたものを説明したり質問したり ☞37ページ3-12図。

④構造化　出てきたものを素材に、付箋紙をグループ化、整理。

●メンバー中心にグループ化を。模造紙にカラーペンを使って。

●優先順位や重要度の議論、対抗する意見について議論。

→ファシリテーターは、それでいいのか、なぜそう分けるか、問いかけを。

→ホワイトボードに議論や論点をメモしていくのもよいでしょう。

リフレッシュをかねて、発表直前に「ファシリテーターについて」などミ

ニレクチャーをしたこともあります。ファシリテーターの重要性を体感した参加者に、それを言葉で整理する機会として好評でした。

⑤合意形成　コンセンサスや一致にむけてまとめを。

- ●新しい模造紙やホワイトボードを使い、まとめてもらう。
- ●異論が残ってもよく、それをふまえたコンセンサスをまとめる。まとまりきらなかったら、議論の流れだけの発表でもよい。
- ●発表のしかたもあわせて決めてもらい、準備へ。

→３日間でも２日間でも、議論がもりあがって時間が足りないと感じながら時間におされて発表にいく、というパターンが多い。

○ワークショップのヤマ場と成果

ワークショップの要は③発散と④構造化です。「ここだけでほんとうは２～３日やれます」(深尾さん)。たとえば、本格的な政策提案につなげていくには、それだけの時間と熟成が必要といえるでしょう。

ＬＯＲＣ協働研修のように、到達目標があるわけではないワークショップの成果は、発表や提案の内容にかぎらず、参加者の「満足度」からよみとれます。「セクターをこえて地域の課題を議論する」その「満足度」とは、テーブルという「空間（場）」とそこでできた「人のつながり」によって形成されていく「納得」によるといえます。発表や提案は「空間」から「発散」と「収束」をつうじて生まれてくるのです。そうした「満足度」の高いグループは、終了後も会場を去りがたいことでしょう。

○どんな人がファシリテーターにむいている？

その目的が「促進すること」「引き出すこと」にあるなら、それができるひと、つまり、「きく力」、「コミュニケーションする力」、さまざまな個性あるメンバーにたいする「受容性」が求められるといえます。自我の強さが善悪を断じたり議論の内容を導いたりするような方向に出てしまうひとはむかないのではないでしょうか。また、とくにＬＯＲＣ協働研修について

いえば、研修の運営がわとしてその意味を理解しながらテーブルの内外の雰囲気を感じる「器用さ」が求められるでしょう。

こうした力は、「沈黙を怖がらない」テーブルの会話が途切れてしまう時間にも次の発言を待てる、「適応能力が高い」多様なメンバー構成にあわせつつ場をつくっていける姿勢につながるようです。テーブルでの議論はシナリオがありません。参加者の考え方や個性、予測しきれないもののなかでファシリテートしていく力、ともいえるかもしれません。

ただし、最初からあらゆるひとがそういう力を持っているわけではなく、すぐれたファシリテーターが似た人間であるわけでもありません。求められる役割をふまえ、経験を積み重ねていくことで、自分にむいたやりかたや個性が生きるファシリテートができるようになるのではないでしょうか。

協働研修でわたしたちじしんが気づかされたことの一つが、ファシリテーターとその能力の重要性です。研修の参加者も、セクターにかかわらず、その役割をきわめて高く評価し、自分達の日常の活動にもそうした能力が必要だと語りました。ワークショップでのファシリテーターという役回りにかぎらず、日常で、討議や議論を気軽に実りあるものにするためにファシリテートという能力が必要という指摘でした。

こうしたファシリテート能力の育成を対象にした研修もあるようです。たとえば、ＬＯＲＣ協働研修に多くの優れたファシリテーターを派遣している、きょうとＮＰＯセンターもファシリテーター研修を行っています。

「きく力」とは聞く・聴く力、つまり、相手の話に自分とメンバーの耳を傾け、相手語りを引きだす力でもあり、訊く力、つまり質問によって発想を引きだしたり内容をしぼりこんだりする力でもあります。

参考文献　49ページ『ファミリテーター入門』

ファシリテーターのあたまのなか

特定非営利活動法人きょうとＮＰＯセンター
チーフ事業コーディネーター　野池雅人

ＬＯＲＣ協働研修では、立場も年齢もそして性別も異なる多様なメンバーでワークショップを行います。20歳に満たない大学生もいれば、80歳を超える自治会長さんも参加しています。属性も行政、市民活動団体、議会、自治会と多様で、ある種「独特な場」なのです。さらに多くはこの研修で初めて出会うという方たちばかり、しかも何やらよくわからない「協働」についてこれから１日、長くて３日間も研修するということに、みなさん表情も固くとても緊張しています。特徴的なのは、やはり行政職員の方です。行政職員の立場からすれば、自分たちの研修に、市民活動団体の人はいる、自治会の人はいる、さらに議員もいる。普段の関係性から考えると、「何を言われる（要求される）かわからない」「余計な事は言わないでおこう（あとで面倒なことになりそうだ）」と感じる人もきっと多いと思います。

私たちＬＯＲＣ協働研修のファシリテーターはこういった状況をふまえて、ワークショップの始まりに「議論しやすい雰囲気」をいかにしてつくるか、「安心して話のできる関係性」をどのようにつくるのか（簡単にいえばアイスブレイク）にいつも苦心しています。簡単な自己紹介に終わらず、趣味や最近の関心事などを聞いてみたり、好きなテレビ番組や本、朝食べたものなど、内容は何でもいいのですが、多くの質問を投げかけたり、書いてもらったり、時には体を動かすゲームをしたりしながら、このアイスブレイクに多くの時間をかけるようにしています。

参加者の皆さんは、研修に何の関係もないように聞こえる質問やゲームに、少し拍子抜けした顔をしながら、時に戸惑いも見せながらも、最初は仕方なくそれらの作業を行っていきます。しかし、時間が経つに連れて、単なる自己紹介とは違い、思いがけず参加者から自分との共通点を発見したり、その人のもつ個性的な趣味に驚かされたりする場面に出会うようになります。すると、興味を持って相手の話を聞き、そして自分の事を話すようになっていきます。ここまでくると先ほどまでの緊張した空気が一変して、和やかな空気感や一体感が生まれはじめます。導入に時間をかける意味は、最初に持っていた「行政職員」「議員」「市民」という固い殻を少し破って、一人ひとりの人間として相手を見る、発言する雰囲気をつくり、ワークショップを安心して、そして楽しくすごすための「しかけ」をつくるところにあるのです。自己紹介して終わりという最初の「前座」では決してなく、これからの数日間を形作る大事な時間として私たちは位置づけています。

この空気感が最初に作り出せれば、あとは比較的スムーズに議論が進んでいきます。ファシリテーターは「発散」、「構造化」、「合意形成」という基本的な流れは頭にいれながらも、直接指示をしたり、議論を導いたりすることは極力せず、その場で話し合われている議論の流れを模造紙やホワイトボードを使いつつ可視化させることに力を注ぎます。可視化により、参加者は模造紙を見ながら議論のポイントを考えたり、類似の意見を結びつけて整理したりできます。今までの議論の流れをあえて「見せる」ことで、同じことを繰り返す、声の大きい人の意見のみが取り上げられ、声の小さい人の意見が見過ごされることを防ぐことにもつながります。また、立場や年齢の違う人たちで話し合いをするのですから、議論がかみあわなかったり、話が飛んだりする事は往々にしてあります。すべての言葉を書く必要はありませんが、キーワードだけでも残しておくと、脱線したとき、行き詰まったときの「よりどころ」として自分たちの議論を見直すことにも役立ちます。模造紙は多い時で10枚にもなるときがあります。これらの模造紙をグループ周辺にどんどん貼っていきながら、ファシリテーターはその場を「話しやすい場」から「議論する場」へと変化させていきます。

プロセスを大切にするこの協働研修は、結論に重きをおいていません。3日間議論し続けたにも関わらず、グループとして何らかの結論に到達しないこともありえます。しかしながら、これらの議論を経て参加者は多くの事をすでに感じ取っています。同じまちに住み、同じまちづくりの担い手として、いかに互いのことを知らなかったか、勝手な先入観で捉えていたか、そして今までこういった話し合いをする「場」がほとんどなかったかということに気づかされます。

私がはじめてこの研修に関わった熊本市のグループ(そのときは、最後にみんなで自分たちのグループに「まずはここから」という愛称をつけました)は、研修が終わって３年がたつ今でも当時のメンバーで集まり、そしてそれぞれの現状を共有し、応援し合い、さらに自分たちの仲間を紹介し続けています。私も研修が終わって半年後に、みんなで集まるというのを聞いて、いてもたってもいられず京都から熊本まで足を運びました。行政職員も、自治会長も、ＮＰＯのスタッフもそれぞれの立場を超えた関係性が今でも続いているということ、さらにそのときのメンバーから定期的にメールをいただくたびに、この研修の意義やプロセスを共有する事の意味を改めて認識させてくれます。

書いてしまえばあっさりしたものですが、協働研修のファシリテーターにマニュアルはありません。参加している人の様子や表情を細かく感じ取りながら、グループの状況によってはグループを引っ張る事もしますし、強引で人の話を聞こうとしてない参加者がいれば、割って入る事もします。顔は笑ってはいますが、脇には常に変な汗を流しながらファシリテーターをしています。また、ファシリテーターをしていると、とても孤独です。グループにいながら、グループにいないという微妙な距離感がとても難しいと感じる時があります。そんなときのために、ファシリテーターを支えるチーフファシリテーターの存在や、毎回行われるファシリテーターミーティングはとても大切な場となります。互いに励まし合い、知恵を出し合いながら、関わるファシリテーターやスタッフ全体でその場をつくりあげています。また理論的な面でサポートいただける大学の存在もファシリテーターの大きな支えであり、この研修の一つの成果であると感じています。

5）検証とフォローアップ

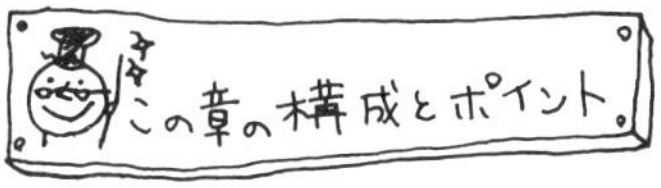

協働研修を実施するさい、その検証とフォローアップをあわせて企画されることをお勧めします。その目的と効果を知り、連携した人や組織との「次」の連携につなげることができるからです。

ＬＯＲＣでは２～６ヶ月後に事前アンケートをとりフォローアップ研修をおこない、それに研修当日のアンケートをふまえ検討しました。その手順と内容を説明します。

１．フォローアップの目的

ＬＯＲＣ市民協働研修は「セクターをこえたパートナーシップ」をになう地域公共人材としての研修の手法として試行されました。したがって、その効果がどのようなものであったか検証することとしました。また、研修の効果をより持続するものにするためにも、一度のイベントで終わるのではなく、それをみずからの職場に持ち帰ってから考え、あらためて議論してもらおうと考えました。これらの目的から、実施の２、３ヶ月後をめどに、フォローアップ研修を企画しました。

ＬＯＲＣの目的は以上のようなものでしたが、このハンドブックを使って協働研修をする場合にも、その効果の検証とフォローアップもあわせてされることをぜひお勧めします。そのことで、おそらく、以下のような利点があるでしょう。

・当日アンケートとあわせ、中期的な目線で研修の成果を検証できる。

・研修の手法のさらなる改良につなげることができる。
・連携した組織や人材と結果を共有し、つぎの連携につなげうる。
・参加した職員に、日常の仕事と研修のつながり（つながらなかったことも含め）を意識してもらい、効果を継続的なものにできる。

2．フォローアップ研修の手順と企画　～ＬＯＲＣの場合

ＬＯＲＣ市民協働研修では、効果の検証のため、「２、３ヶ月後」にフォローアップ研修を実施することとしました（熊本市研修では半年後に実施）。
・研修直後に上昇するモチベーションの「熱」がいったんおちついてから実施するため、２、３ヶ月後としました。
・半年をこえると記憶が薄れていくこともあるかと思います。参加者が、研修を思い出し、自分なりに考え直してみることで研修の効果を持続させるためにも、２、３ヶ月後から半年後が適切なフォローアップ期間といえます。

以下はフォローアップ研修の手順です。
(1) 職員、市民それぞれに「フォローアップ準備アンケート」実施。
(2) 運営会議で、(1)と研修時アンケートの内容をふまえ論点を整理。
(3) フォローアップ研修でワークショップか議論（市民、職員別）
(4) 運営会議で(2)、(3)をあわせ、研修全体を総括。

フォローアップ研修では、庁内の改革につなげる率直な意見交換が求められることから、職員と市民で別に開催しました。

ファシリテーターには同様に参加してもらいました。

3．フォローアップ準備アンケートとフォローアップ研修

ＬＯＲＣでは、熊本市、滋賀県３市共同、寝屋川市においてそれぞれ市民協働研修の試行をおこないました。熊本モデルを基礎に、滋賀県３市合

同研修では、市町村合同設置研修所をまきこんでの研修、寝屋川市では大都市圏で「協働」を摸索している市として、それぞれにアレンジしながら展開しました。

そうした違いはありましたが、フォローアップ研修のための準備アンケートは３市とも職員むけ、市民むけと類似した内容で実施し、また、その回答も類似点の多いものとなりました。

フォローアップ準備アンケートの項目は以下のとおりです（ＤＶＤにはアンケート用紙例が収録されています)。この内容については、研修当日にとったアンケートの内容とあわせて、次章以降でくわしく説明します。

研修時のアンケート、フォローアップ準備アンケートの結果を運営会議で議論し、フォローアップ研修で議論してもらう論点を整理します。

●フォローアップアンケートの質問項目（抜粋）

職員むけ

設問	選択肢例
1、研修前後および現時点までの変化について	
（1）○○市の地域づくりにとって市民協働は重要なものだと思いますか。（1つ選択）	ア、市全体の地域づくりにとって欠くべからざるもの …ほか6項目
（2）あなたの業務と市民協働はどの程度関係があると思いますか（1つ選択）	ア、大変関係がある／イ、関係があると思う …ほか5項目
（3）市民協働は行政改革に有効だと思いますか。（1つ選択）	ア、非常に有効だと思う／イ、一定の行政改革に有効だと思う …ほか5項目
（4）市民協働を推進するために行政はどのような体制を整備する必要がありますか。（複数回答）	ア、推進本部等の全庁的推進体制 …ほか6項目
（5）地縁的組織とNPO等の市民活動、企業活動との行政としての関わり方についてどう思いますか。（1つ選択）	ア、市民による地域活動として政策統合が必要 …ほか5項目
2、今回の研修の内容と効果について	
（1）職場に帰った後の研修の効果について（複数可）	ア、市民協働を進めるための業務改善を実施できた …ほか7項目
（2）ファシリテーターの必要性について（1つ選択）	ア、非常に重要である／イ、テーマによっては必要と思われる …ほか4項目
（3）研修期間について（1つ選択）	ア、長過ぎた／イ、やや長いと感じた／ウ、ちょうど良かった …ほか4項目
3、研修のフォローアップについて、研修内容を職場で生かすために何が必要と思いますか。（複数回答可）	ア、庁内体制を整備して全庁的な政策形成とその推進をする …ほか5項目
4、市民協働研修の課題について	講演やワークショップのあり方について課題や問題点を記入

市民むけ

設問	選択肢例
研修前後および現時点までの変化について	
（1）【○○市】の地域づくりにとって市民協働は重要なものだと思いますか。（1つ選択）	ア．市全体の地域づくりにとって欠くことのできないもの …ほか5項目
（2）あなたの日常の活動（自治会活動、ＮＰＯ等の活動、企業活動等）と市民協働はどの程度関係があると思いますか。（1つ選択）	ア．大変関係がある／イ．関係があると思う …ほか4項目
（3）今回の研修参加で行政職員に対する意識は変わりましたか。	ア．非常に変わった／イ．少し変わった …ほか2項目
（4）研修に参加した職員から受けた行政職員のイメージを選んでください。（複数回答）	ア．市民との会話が出来る／イ．行政の枠にしばられている …ほか9項目
（5）自治会やＮＰＯ等の活動、企業の活動と行政との関係について（複数回答）	ア．市民と行政はもっと協力すべき …ほか7項目
研修の内容と効果について	
(1) 研修の効果について（複数回答）	ア．市民協働を進めるための新たな発想ができるようになった …ほか6項目
(2) ファシリテーターの必要性について（1つ選択）	ア．非常に重要である／イ．テーマによっては必要と思われる …ほか4項目
(3) 研修期間について（1つ選択）	ア．長すぎた／イ．やや長いと感じた …ほか4項目

試行例でのアンケート結果、アンケート用紙例がＤＶＤに収録されています。

ＬＯＲＣでは、主に次のように整理されました。

論点１　研修でかわったこと、かわらなかったこと

→準備アンケートの結果から出た論点です。「研修前後の意識や行動はどのように変わったか」。意識は変わったが行動に結びついていない、という回答をふまえ、「その落差の原因は何か」などの議論につながります。「市民との協働の有効性と行政への影響」も論点となりました。

論点２　研修をふまえ、今後の可能性や課題について

→「職員の自発的な研修の企画や参加をどのように実現するか」、組織全体の「協働のための意識や行動をどうやって変えていくか」、「ファシリテーターなど協働を推進する人材の確保」が論点となりました。

職員のフォローアップ研修では、自治体が求められる変化にどうやって応えていくかという意味で、今後の可能性と課題をとくに議論してもらいました。そこでは、研修によって自分たちがうけた刺激を再確認しながらも、それが、ひとりや少数のだけのものでは、職場の部署、自治体、地域を変えていく力にはなりにくい、という声が多くを占めました。

誤解されていることもある「協働」の意味と意義を、市民との議論によって体感をもって理解できた、という職員個人の実感は、協働研修の目的そのものです。しかし、組織としての自治体の変革がなければ、結局、袋小路となってしまいます。個人の変化が組織の変革につながる、組織の変化が個人の変化につながる、そのような相乗はありえないのでしょうか。

これはすでに「研修」だけの課題ではないといえるでしょう。しかし、その検討がなければ、「研修」の効果も限定的で、職員に貴重だが個人的な経験を与えるだけの機会にとどまってしまうということになりかねません。

次章では、参加した職員や市民のアンケートの結果をふまえつつ、ＬＯＲＣ協働研修でなにができたのかを検証し、「次」にどのように、組織改革に、戦略としてつなげていけるかを考えてみたいと思います。

6）次になににつなげていけるか？

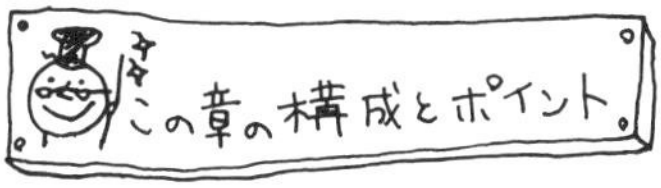

ＬＯＲＣ協働研修でのアンケートやフォローアップ研修での議論から、成果と課題を論じます。協働研修が「人材育成」として有効であっても、それが少数であり、自治体・組織の変革につながらなければ、効果は限定的です。他方、協働研修が示した可能性も多様にあります。可能性をひろげ、課題をどうのりこえていけばよいかを論じます。

１．ＬＯＲＣ協働研修へのアンケート結果

添付のＤＶＤには、ＬＯＲＣ協働研修で行ったアンケートの結果を、管理職研修、係長級研修の当日アンケート、フォローアップ準備アンケートにわけて、３試行例それぞれのものを収録しています。ここでは、回答の概要、大きな方向性と少数でも特徴あった意見をとりあげてみます。

○研修の手法と内容について：高い評価とファシリテーター重視

職員からも市民からも、肯定的、好意的な評価をいただきました。

ファシリテーターつきのワークショップ手法にたいする評価は非常に高く、ワークショップに慣れている職員参加者からも新鮮で効果的であるという声がよせられました。フォローアップ研修でも、町内会長である市民からは町内会の集まりでもワークショップをやってみたいという意欲、自主研究会をおこなっている職員からは実際にやってみたという声もありま

した。ワークショップというイベントではなく、合意形成の手法として有効である、という評価がなされるようです。

ファシリテーターの存在が議論に大きな効果をもったことは、参加者に強く認識された点でした。議論の仲介者、誘導者、第三者としてのファシリテーターは、声の大きい人が議論の中心になるのではなく、敵味方に分かれて相手の否定しあいになるのではなく、建設的な議論の雰囲気をつくりだす不可欠な存在として意識されました。ファシリテーターの存在によって、職員が、「市役所の人間」としての立場を離れ、「職員である市民」として議論できたという声もありました。参加した市民と職員の、「市民どうし」としての信頼関係につながる重要な意味をもつことと考えます。「役職」としての「ファシリテーター」だけでなく、日常で議論が必要な場面での「ファシリテート」能力の必要性が指摘されたことも注目されます。

○研修に参加して～ポジティブな意見

〔職員参加者の場合〕

ファシリテーターつきのワークショップで政策形成をしていく手法が高く評価され、実際に自らもためしてみたという声があったことは前述したとおりです。どの試行例でもそのような声や報告がありました。

また、「協働」の意味や意義について、興味がわいた、あるいは誤解が解けた、ということを機に、研修終了後に本や講座などであらためて自ら学んだ、という声もありました。

市民との議論が刺激的で有益であったという声もとてもよく聞かれました。職場によっては、つねに市民からの苦情や批判にさらされる窓口もあります。そうではなく、しかも建設的で、ときには行政のプロ（であるはずの）自分がはっとさせられる発言があり、さらに地域をとても大事に思っていて、そのためになにができるかを真摯に考えている意見をもつ市民との出会いと議論が非常に有益であった、といった声です。そうした議論の雰囲気とファシリテーターの存在が、職員でありつつ「市民である自分」の発見につながり、市民として議論することにつながりえたようです。セクターをこえて「地域公共人材」の視座を提起したＬＯＲＣにとって重要な声です。

〔市民参加者の場合〕

市民参加者からも、企画の内容や手法について高い評価が寄せられました。職員参加者よりもやや高めといえるかもしれません。

ＬＯＲＣ協働研修の主な対象が職員だという点からすれば、「協力する価値のある企画だった」という声以上のものはいわば副次効果です。また、この研修は市民を「啓蒙・啓発」することが目的ではありませんし、それが可能であるという発想には著者は違和感をもちます。しかし、市民協働研修での出会いと議論が、市民にとっても価値のあるものであったという高い評価には、「セクターをこえたマルチパートナーシップ」の可能性が明確にあらわれているように思われます。

具体的には、「市の職員さんの大変さを知った」「話せる人たちなんだということがわかった」といったある意味率直な「発見」が、研修に「参加してよかった」という評価につながっていました。この発見は一方では、自治体職員という仕事が十分に理解あるいは評価されていない、ということを示しているかもしれません。もしくは、日常、お互いがお互いを、「文句を言う市民」と「何もしない職員」という否定的な目線でみていることの裏返しかもしれません。職員が、業務としてではなく、いつも背負っている「役所」という組織の看板をおろして、共通の課題について議論する空間をつくることの意味を示しているともいえます。

同時に、市民どうしのあいだでそうした「発見」があったことも指摘されています。市民といっても多様な主体が存在します。ＬＯＲＣの協働研修には、地縁団体の市民、ＮＰＯ法人で活動する市民、大学生、地域の企業や商店街の市民、といった多様な市民の参加がありました。たとえば、地縁団体の市民がＮＰＯ団体の市民を、またその逆を、「よく知らなかったが今回議論してみて、その熱意や重要性、たいへんさをわかった」、とする声がありました。企業のかたからは、「市民としての」自分を意識した、という声もありました。そうしたさまざまな出会いと議論が、参加したひとびとから価値があると評価されたことは重視されるべきでしょう。

また、ひとびととの出会いそのものだけでなく、日ごろ自分が抱えている地域の課題や思いを、言葉にして考え、政策につなげていくという経験が自分にとっても価値があるものとして評価する声が多くありました。研修日数は２日間でも３日間でも、おそらくその密度の濃さから、「長い」とする声が多少あるのですが、そうした声は職員側のほうがやや多く、市民参加者からは「もっとやりたい」というものもありました。そうした経験を求める声であると考えてよいのではないでしょうか。

○研修に参加して～ネガティブな意見

３団体での試行で、協働研修の企画や内容については、否定的な意見は多くはありませんでした。とくに市民からはほとんど肯定的でした。

職員からよせられた否定的な意見としては、日数が長く、そんなに職場をあけられない、というものがありました。通常の研修からみれば、驚くほど長い時間であることは間違いありません。しかし、前述してきた協働研修の目的からはそれだけじっくり議論する時間が必要であることを強調し、職員参加者が全日程参加されるよう調整を重ねてお願いしたいところです。

フォローアップにあたって、市民側からは、以下のような意見がありました。全日程参加できず、前日の議論や雰囲気を知らない職員が途中で入ると、最初から関係づくりや議論を最初から始めなければならなかった、というものです。また、上司や職場の命令でやむをえず参加しているように見える職員の態度や発言が指摘され、対象者の人選のしかたに意見がありました Q&A４、Q&A９。

モチベーションの高い参加者をどう確保するか、あるいは参加者のモチベーションをどう高めていくかは大きな課題です。この意味でも、講義とワークショップの連動は重要です。

職員からの、もっとも重要な指摘は、「個人としては「いい経験」でも、組織のなかの職員として、研修を機に大きく変わっていけたかといえばそうではない」、というものです。しかも、これはフォローアップ研修で共有される認識でもあります。個別のアンケートでは、より否定的に、「自分の職場はそもそも「協働」には関係ない」。「自分だけその重要性に気がついても、職場そのものが変わるわけではなく、仕事の中身も変わらない。そのような研修に結局のところ意味があるのか」。そういう声があります。

それでは、こうした認識や声をふまえて、ＬＯＲＣ協働研修の成果と課題は、どのようにまとめられるのでしょうか。

２．ＬＯＲＣ市民協働研修の成果と課題

○成果と課題を総括する

以降は、自治体職員研修としての協働研修についての記述となります。ＬＯＲＣ協働研修の実施、アンケート結果などから成果をまとめてみます。

成果１　「地域公共人材」育成のための職員研修として、高い効果がある。

とくに、誤解もある「協働」の意味や意義を理解し、体感する最初の手がかりとして、効果がある。セクターの壁の分断が厚いわたしたちの社会では、その壁や組織の立場をこえて「地域」をともに考え、議論する空間を経験することは重要である。

成果２　研修としてにかぎらず、合意形成、政策形成の手法として、ファシリテーターつきワークショップの効果は高い。

かならずしも議論に熟達していないわたしたちにとっては、こうした経験はその後の基盤となりうる。

成果３　研修をきっかけに、手法の模倣や、さらなる自学につながりうる。ただし、これらの展開は参加者個人のモチベーションの高まりしだいである。

ついで、限界や課題として、以下のようにまとめられます。

限界１　「初心者むけ」であり、すでに「協働」の理解や経験の深い人材むけではない。

セクターをこえたマルチパートナーシップが可能な「地域公共人材」にとっては、意味の薄い研修かもしれない。

限界２　協働研修単独では、職員個人に貴重な経験は与えられても、組織の変革には直結しない。

○組織が変わっていくためには？

このうち、限界２は、重要です。この点は、前述したように、協働研修企画そのものの問題ではないともいえます。ですが、「研修」のありかたを考えるうえでも、なんのために協働研修をおこなったかという本質を考える上でも、重要な論点を孕んでいます。

職員フォローアップ研修では、論点として、研修の前と後で自分の仕事のしかたが変わったか、ついで、行政や職員はどうかわっていくべきか、またそれはどうやって可能か、という今後の展望を議論しました。以降は、そうした議論から考察する協働研修の「その後」の課題です。

協働研修が参加職員に「協働」の意味と意義を体験する機会となりえることにわたしたちは自信をもっています。直接の目的は達成可能でした、と総括することもできます。しかし、参加した多くの職員自身も、それが「自分だけの体験にとどまるもどかしさ、むなしさ」を指摘し、「協働」できる「組織」には変わっていけないという問題を提起しています。前出した「この研修に意味があるのか」という職員からの批判には、その前に、「組織は変わらないのに自分だけ刺激をうけても意味がない」という前提があるのではないでしょうか。

協働研修での体験を貴重と感じた職員が、個人的に職務に生かすことはできます。もし、それが可能な職場であって、職員がその気になればできます。いまその職場でなくても、いずれ異動する機会があるかもしれません。もし、異動して、もし、協働研修の経験を忘れなければ、できるでしょう。もし、協働研修の意義を参加者が強く感じて、それが示す方向に変革していく運動につながれば、組織も変えられるでしょう。これらの可能性を否定するわけではもちろんありません。これらのうちのひとつでも実現すればすばらしいことであり、協働研修は中長期的にも有効で変革を起こしうる研修といえるでしょう。しかし、それはこれらの「もし」が実現した場合に限られるということは指摘しないわけにはいきません。

職員のフォローアップ準備アンケートや研修では、研修経験を具体的な職務に生かしたいが、「自分だけではできない。自分たちの課だけでもできないし、しかも、隣の課がやっていることも知らない状況で『協働』の事業なんてできない」「建前ばかりの『協働』が蔓延していて、上司や管理職に理解がない」という声が聞こえました。環境が、職場が、組織が変わらなければ、協働研修は職員個人にとって重要な経験の機会になっても、そこまででしかない、ということになりえます。

そこまででも十分だ、ともいえます。前述のとおり、「地域公共人材」育成のための第一歩という目的を果たしうることはたしかです。

しかし、フォローアップ研修では、それにとどまることのものたりなさ、問題性も語られています。シンプルに、もっとたくさんの職員がこの研修を受けるべきだ、という声がありました。同時に、組織の「硬さ」がかわらなければ、個人的な経験が積み重なりはするものの、仕事のしくみややりかたは変わらないという疑問もあります。

こうした議論からは、協働研修の経験が生きるためには、職員の変化を組織の変革に、どのように結びつけ、その変化を相乗させるかという課題があらわれてきます。それには、市民協働研修だけでなく、しかし、それをより深いところで活かすための戦略が求められてくるのです。このこともまた市民協働研修の成果であり、同時に「次」への課題であると考えます。

3．研修から戦略へ

協働研修の枠をこえて、しかし、協働研修が参加した「職員」とその「しごと」にいっそうの効果をもつためにも、組織の変革にどうつなげていくか。これが協働研修とその「次」の課題といえます。わたしたちはその回答をまだ持っていません。しかし、以下、試行やそれをもとにした議論と、研究活動で得られた「次」への萌芽をまとめてみます。

→以降の内容は、16ページ1-5『地域人材を育てる自治体研修改革』、土山希美枝・大矢野修編『地域公共政策をになう人材育成』日本評論社と深くかかわります。あわせてご参照下さい。

○研修をもっと活用しよう　対象の拡大、事業との接続

「人」への効果を「組織」に広げるためには、協働研修を受け、「協働」を理解し体感する職員の数を増やす、というシンプルな回答がありえます。実際、参加者にも、たくさんの職員が協働研修をうけ、職場に「仲間」が増えるとよい、という声が多くありました。率直かつ重要なことであることは間違いありません。また、わたしたちは、この基本スタイルが完璧であると思ってもいません。協働研修の継続と改良が、ＬＯＲＣだけでなく多様に模索されることを願っています。その経験はぜひ、ＬＯＲＣにも教えフィードバックしていただきとも願っています Ｑ&Ａ１。

また、議論の成果を施策・事業とすることを考えてもよいのでは、とい

う声がありました。研修にとどまるのはもったいない、という声です。実際に予算がつき、施策・事業になるなら、研修での議論が生きることになるかもしれません。ただし、協働研修の特徴である「自由な議論ができる環境」とは、逆にいえば、何が出てくるかわからないということでもあります。施策・事業とするのであれば、研修というかたちでないほうが望ましいかもしれません。

ファシリテーターつきワークショップによる合意形成の手法を、政策形成や施策・事業の場で使おうという発想がありえます。それでは、そうした施策・事業の展開にあたって、担当職員のほかに研修として職員数名を参加させてはどうでしょう。一般の参加者には、事前に、かれらが研修として「職員である市民として」自由な立場で議論に加わることを了承してもらう必要がありますが、またとない研修の機会となるのではないでしょうか。

政策形成ワークショップ自体を「市民と職員の自由な議論による政策研究会」として設定することも可能でしょう。しかしその場合は、「職員の議論の練習」ではなく、議論にたいしてモチベーションをもち、自由な議論に不慣れではない職員、市民協働研修を経験したことのある職員がその対象になりえます。協働研修のハイレベル版といえるかもしれません。

こうした応用編を可能にするためには、従来の「研修」をこえ、現場の人材育成の機会ともつながること、その基盤となる人材育成戦略としての研修のビジョンとネットワークを担当課がもつことが必要ではないでしょうか。人材と組織に「効果ある研修」となるためには、研修担当部局の変革もまた求められることを示しているといえるでしょう。

○人事戦略としての研修

人事戦略として研修を位置づけるということは、研修担当部局だけが、完璧な研修のための変革にとりくむいうことではありません。

ここで、あらためて他部局と連携関係を築くことの重要性を指摘したいと思います。たとえば、前述したような協働研修の「応用編」のためには、ファシリテーターつきワークショップを使う可能性があるような事業の情報が入ってくれば、実現の可能性は高まります。また、ファシリテーターつきワークショップという手法の効果を知っている職員が事業の担当者もしくは担当課にいれば、実現の可能性はまた高まります。

では、そうした情報が入ってくるためには、どうしたらよいでしょうか。

運営会議の形成で、他部局との連携を強くお勧めしたのは、そうした「次」につながるきっかけになりうるからです。

しかし、単に、協働研修を実施する、というだけでは、不十分かもしれません。そもそも、なぜ「協働研修」が必要だと考えたのでしょうか？
それは、社会の要請に応える地域の政府としての変革をになう人材育成が自治体に求められているからではないでしょうか。

自治体をとりまく環境は、厳しさを増しています。いま働いている人材にどのような能力を発揮してもらうことが期待され、あたらしく採用される人材にどのような能力を期待するのか。それをどう評価し、育成するのか。自らの自治体が大規模か小規模かにかかわらず、採用、研修、評価を一体のものとした人事戦略が求められます。

「協働研修」をつうじて連携の下地ができたら、自治体の人材育成基本方針や基本計画を、そうした人事戦略としての視点から、他部局と議論し改定する試みはありえないでしょうか。そこでは、研修部局がもつ研修「事業」を精査するだけでなく、他部局が検討している事業で研修として活用できそうな機会を研修計画におりこむことができないでしょうか。

他自治体と合同で、あるいは合同設置の研修センターが核となって、こうしたとりくみを展開することもありえるでしょう。協働研修は、そのきっかけとしても使えないでしょうか。

○組織改革の戦略としての研修

このようにみていくと、協働研修という単発の研修についても、その効果を高めていこうとすれば、もっと大きな目的をもつ「次」の変革につながります。人材育成、人事戦略の一環としての研修がありえるように、組織改革の戦略として研修を生かす、あるいは組織改革を研修の機会として位置づけることはできないでしょうか。本章のまとめとして、以降、この点を考えてみましょう。

4．「協働」をになう人材育成、「協働」をすすめる組織変革

たとえばＬＯＲＣでは、いくつかの自治体で、研修として、あるいは職員ワーキンググループとともに、事務事業の精査をワークショップ手法によっておこなう試みにとりくんでいます。すべての事務事業を、行政でなければやれないことか、他セクターでもやれることかどうか検討する作業が中心となります。そのさい、自分が所属する課が所管するものではない事業を対象とします。所管する事務は、その意義や経緯を理解しているぶんだけ、無意識に肯定しがちとなり、ふるい落とせないからです。その結果、行政でなければやれないことが実はとても少ないこと、庁内で重複する事業を展開していることも多いことを驚かれるといわれます。

この作業は、すなわち、自治体はふるいわけられた「行政でなければやれないこと」だけやり、あとは「協働」もしくは「委託」でアウトソーシングすればよい、という結論にはなりません。多様なセクターの活動が交錯する領域の事業、図でいえば、「斜線

で重なっている部分が想像以上に大きかった」ということなのです。

自治体は、市民から権限と財源の信託をうけ、公共課題に市民の代行機関として対応する地域の政府です。他セクターでできるとしても担い手がいないとき、あるいはいなくなったときには、政府の責任で実施を保障すべき施策・事業があります。こんにちの日本では、政府の責任で保障すべきミニマムの範囲は、政府でなければできないこととイコールではありません。ミニマムは、「自治体でしかできないこと」と、複数のセクターが担える（図の斜線部分）こと、のうち、市民から信託された有限の資源を投入して実現すべきこと（図の点線部分）といえます。

こうした前提をふまえて、事務事業の洗い出し作業の効果をまとめておくと、以下のようにいえるでしょう。まず、自治体という地域の政府が、何をする主体なのかを、「行政でなければやれないこと」の検討をつうじて意識されえます。また、ほかのセクターでもやれることについては、どのように実施されることが望ましいのか、地域のなかでどういう可能性があるかを検討することができるでしょう。さらに、自治体が責任を持って保障すべき事業、それが市民から要請されている事業はどれでしょうか。

このような検討は、地域の政府としての自治体の役割を、事業という具体から描き出す作業になります。それは、地域社会という公共空間を構成する「協働」の主体として、自らが何をする組織なのかを示すということでもあります。

課題は無限ですが資源は有限です。どのくらいの資源により、どの水準のミニマムが実現可能なのでしょうか。現状はどのような事業で構成され、その全体像はどのように把握できるのでしょうか。ミニマムも普遍のものではなく、時代や課題状況、なによりも市民の要請によって水準が異なるでしょう。市民どうしでも利害は対立します。あらたな課題が出たり資源が不足したりするときは、どのような合意形成過程によって政策選択されるのでしょうか。選挙や市民参加は、その選択を支える制度であるはずです。いずれにしても、地域の政府である自治体には、何を、どのくらいのコストにより、どのような価値を社会のなかで実現するために行っているのか、説明責任を果たす必要があります。それは、限りある資源を有効に活用するため永続的に求められる行政改革の基礎情報となるだけでなく、「協働」による役割分担や相乗効果を考える基礎資料となるでしょう。

セクターをこえて連携をむすぶ「人材」が、「協働」をゆたかに展開できるための「組織」にかわっていくこと。研修は、その「人材」を育成し、「組織」である自治体の変革につながる可能性をもっています。研修だけでは限界があります。しかし、研修を効果あるものにすることは、組織と人材の変革につながる多様な手法を組み合わせることにつながります。それは、「地域が元気になるパートナーシップ」のための、人材と組織の改革を意味しているのではないでしょうか。

6）Q&A

この章の構成とポイント

協働研修の企画・実施にあたってよくある質問と回答をまとめました。本文や資料へのリファレンスも活用して下さい。

Q&Aでも解決できない疑問、不安があるでしょう。部局や組織の中で相談する、近隣の自治体・組織と相談する、あるいは、LORCにもご相談下さい。「協働」をになう人材育成の最初の一歩として、協働研修が多くの自治体・組織で実施されるよう、お応えしたいと考えています。

Q1.　LORCはどこにあるどんな機関ですか。連絡先はどこですか。

A1.　LORCは京都にある龍谷大学がもつ研究組織です。正式には、龍谷大学「地域人材・公共政策開発システムオープンリサーチセンター」といい、文部科学省のオープン・リサーチ・センター推進事業として助成をうけ、2003年に設置されました。地域政策の担い手の育成と、担い手がいきいきと活躍するためのしくみを摸索する、社会にひらかれた研究組織として活動を展開してきました。

2008年3月現在、連絡先やHPは以下のとおりです。

〒612-8577　京都市伏見区深草塚本町67　龍谷大学
人間・科学・宗教総合研究センター　地域ORC
TEL　075-645-2312　URL: http://lorc.ryukoku.ac.jp/
E-mail: webmaster@lorc.ryukoku.ac.jp

Ｑ２．　協働研修の実施にあたってどんな経費を想定すればよいでしょうか。

Ａ２．　規模や、委託にするかどうかによって異なりますが、直接実施する場合、支出の費目は以下のように考えられます。謝礼〔講師謝礼・ファシリテーター、市民への謝礼等含む〕、旅費、食糧費〔お茶、弁当等〕、消耗品費〔コピー、模造紙、マジック等〕、会場使用料、印刷製本費〔記録に残す場合〕などが考えられます。中間支援組織や大学などに一部事業委託する場合は、その費用をみる必要があります(その場合、上記支出の一部をそこに含むことがありえます)。

当日必要な物品については、36～39ページ、巻末またＤＶＤ収録の実施ステップチェックリストを活用して下さい。

Ｑ３．　市民のかたへ謝金や謝礼などをご用意するべきですか。

Ａ３．　ＬＯＲＣとしては、職員研修にたいして、市民のその時間と知恵を長時間にわたってお借りすることを無償でお願いするべきではないと考えます。交通費が発生する場合だけでなく、市民の日常は、生業のために使われうる時間でもあるわけですから。協働ワーク研修に参加してくださる市民のかた、運営会議にもかかわってくださる市民や団体に、謝金または謝礼をご用意すべきでしょう。

しかし、自治体の場合、通例はそうした支出のしかたが条例・規則や規定にないことでしょう。研修の講師を招聘すると１回いくら、というかたちは想定されていても、市民はじめ外部の人間が研修の企画全体にかかわったり、研修の実施に協力したり、ということは想定されていないでしょうから、当然です。１回あたりではなく、研修企画全体にかかわっていただくお礼、研修実施にかかせない協力をいただくお礼として、謝金や図書券などの謝礼を用意できる規定があると、今後も活用できるのではないでしょうか。試行のさいには、委託のなかでＬＯＲＣから研究協力者への謝礼として支払うことがありました。また、寝屋川市研修ではそのさい地域通貨「げんき」券でご用意し、そのことがワークショップでの話題になったこともありました。

Q４．　時間がとりにくいのですが、ワークショップは２日または３日にわたって行わなければいけないのでしょうか。

Ａ４．　少なくとも２日、連続してとられることをお勧めします。

議論とそのプロセスじたいが協働研修の大きな目的です。試行した感触では、初日は「講義を聴いて、ワークショップで自己紹介、テーマについて情報をだしあって、話が弾む空間ができてきた感じがあれば上出来」で、「それ以上は参加者も限界（疲れるため）」ともいわれます。この空間を土台に、翌日、議論の核が展開されます。日程があくと土台をつくりなおす必要、つまり、双方の距離感を縮め前回の発言を思い出す時間がまた必要になります。２日以上連続する日程を設定することを強くお勧めします。２日の場合は全日を使い議論する時間を確保、３日可能であれば２日間は半日ずつの日程で参加者が長時間の議論で疲れすぎない日程にできます☞23、25ページ。

また、参加者が全日程参加できるよう調整に力を尽くしてください。途中参加は、そこまで進んだ議論に追いつくために、参加する側もされる側もそれなりに時間と労力をつかうことになります。市民参加者から問題として指摘をうける点でもあります。おそらく職務命令によって参加する研修の機会が、職場にも参加者にも尊重されるよう依頼、調整してください（☞Q&A９）。

Q５．　管理職への講義型研修は必須でしょうか？

Ａ５．　実施されることをお勧めします。ただ、協働ワーク研修の講義パートと合同して開催することも可能です。

自治体･組織の内部状況にふみこんで、管理職に理解されるべき方向性や「協働」の意味、重要性を示す機会とするには単独開催で、そうではなくよりひろく「協働」の意味や意義を共有するという目的では合同で、という考え方ができるでしょう。市民や協働ワーク研修対象者と同じ講義をきくことが管理職だけへの研修とはまた異なる意味で効果があったという声もあります。

合同であっても管理職研修は実施し、そのさいには首長や幹部が「協働」の方向性を是とする講話があることが望ましいといえます。

Ｑ６．　運営会議に入ってくれる団体、ファシリテーターを派遣してくれる団体に心当たりがありません。

Ａ６．　まずは組織内、庁内のつながりで探してみましょう。自治体なら市民と接触のある部局、市民活動課や協働推進課、企画・政策課や、その経験がある職員が人物や団体をご存知なのではないでしょうか。

ついで、協力してくれる中間支援団体や、研修所、大学などがあげられます。ＬＯＲＣ協働研修ではきょうとＮＰＯセンターに企画への参画、ファシリテーター派遣にご協力いただき、地域の事情にあわせて地元ＮＰＯ団体にも企画と派遣にご協力いただきました。

Ｑ７．　講師の人選はどのようにしたらよいでしょうか。

Ａ７．　企画の目的、24ページのような内容で講義していただけるかたを探しましょう。管理職研修を別におこなう場合も同じ講師にお願いしても構いません。講師の分野や個性あっての講義ですから、企画の目的を大枠としてご理解いただけば、あとは講師のかたと相談しながら調整して下さい。運営会議や実施にもご協力いただき、ワークショップ最終日にコメントをいただけるようならさらに心強いでしょう。

講師をお願いできるかたに心当たりがない、ということもあるでしょう。企画・政策系の部局、合同研修所や運営会議のＮＰＯ団体、地元の大学、ＬＯＲＣなど外部で協力してくれる団体に相談してみるのはいかがでしょう。

Ｑ８．　研修対象となる職員はどんな層ですか？係長級のみですか？

Ａ８．　ＬＯＲＣが対象を係長級としたのは、「地域政策の現場で一定の権限をもっている層」として重要と考えたからです。これに限らず、企画の目的にあった層にして下さい。自治体・組織の規模、確保できるスタッフや参加者の人数など個別事情にもよるでしょう。

ＬＯＲＣ協働研修の参加者からは、新規採用職員の研修で行ってはどうか、職階にこだわらず希望者を募ってはどうか（☞Ｑ&Ａ９）という声があり、また、管理職にも協働ワーク研修をおこなうという企画も聞いています。どれも意義のあることと考えます。

「協働」の現場をもつ層に集中的におこなうこともありえるでしょう。政策担当主幹など発信力のある人材に、あるいは協働推進担当、市民活動にかかわる担当者に、「協働」や「セクターをこえたマルチパートナーシップ」の基礎力をもってほしい、という人事戦略として活用されることもよいでしょう。

Ｑ９．　参加する職員の人選をどのようにしたらよいでしょうか。

Ａ９．　人選のしかた、たとえば、推薦にするか希望者を公募するかは、一概に回答できない難しい問題です。

推薦にするか公募するかの違いは、おそらく協働研修にたいする自発性やモチベーションの違いにつながると想像できるでしょう。試行の結果として、企画運営側からは、「モチベーションのない職員にやっても効果は薄い」という声、市民参加者からも「上司の命令でしかたなく来ている職員」の姿勢を批判する声もありました。しかし、「『協働』について理解や認識が薄く、しかも『協働』の現場に近い職員」にこそ受けてほしい、という企画の戦略もあるでしょう。「来てみたら面白く、たいへん学びになった」とする評価もよく聞きました。

運営会議で個別の事情や目的をふまえ、推薦と自薦をくみあわせる、講義などで職員のモチベーションの上昇をはかるなど考えながら、人選とその方法を検討してください。研修にたいする姿勢が消極的な参加者ばかりでは研修の核心である議論がなりたちませんが、一部そういう参加者がいる、ということは現実としてあります。議論の雰囲気づくりをファシリテーターと検討しておきましょう。

Q 10.　ワークショップの規模はどのくらいですか。

A 10.　１テーブル「５～６人＋ファシリテーター」が「４～６テーブル」程度が望ましい規模でしょう。

テーブル数はこれより少なくても大きな問題はありませんが、６テーブルを超える規模になると、全体発表などのさいに発表する時間がかかり、長々とした雰囲気になることがありえます。

１テーブルの人数は重要です。ファシリテーターをのぞき、参加者が１テーブル４人以下になると、議論が低調になり盛り上がらなくなります。８人くらいになると発言する人としない人、つまり、参加するひとと傍観者に分かれてしまう危険があります。逆に、８人がみな積極的に発言すると、議論がまとまっていかなくなることもあります。したがって、それぞれがテーブルを構成するメンバーとして自覚し発言できるためには、「５～６人＋ファシリテーター」が望ましいサイズといえます。

実施にあたって困るのは、日程の一部しか出られなかったり、突然の欠席者があり、結果として４人以下のテーブルができてしまうことです。すでに議論が進んでいるほかのテーブルの参加者の移動は難しく、テーブル数が少ないときにはそうした対応がそもそもできないでしょう。状況や雰囲気に応じファシリテーターとも相談しつつ対応するしかありません。日程の確保と出席をしっかりよびかけつつ、もしものときの配置について運営会議などで相談しておきましょう。

Q 11.　協働ワーク研修にはどんな市民に参加していただけばよいでしょうか。

A 11.　試行例では、地元の地縁組織、ＮＰＯ団体に協力をお願いして参加いただいたかたが中心でした。また、議会議員、地元企業や大学生のかたに入っていただいた例もあり、どちらの参加者にも好評でした。地域の事情や目的にあわせて多様な主体に参加してもらうのがよいでしょう。ただ、地縁組織からだけ、ＮＰＯ団体からだけ、といったかたよりはさけて下さい。女性や若いかたの参加も重要です。テーブルごとの座席配置もかたよりがないようにしましょう（☞ Q&A 14）。

参加してくれるかたの心当たりが少ないときは、運営会議を中心に市民と接触のある部局や中間支援組織などに相談しましょう。

テーブルで「セクターの壁をこえて対等に議論する」環境をつくるには、立場や仕事上の利害関係にこだわりすぎ本音で話ができないかたは難しいでしょう。しかし事前にわからないことが多分にありますし、ワークショップをすすめるなかで緊張がほぐれていく部分もあります。講義やファシリテーターの説明で、「自由で対等な議論をすること」を確認し、あとは参加者の個性と良識にまかせましょう。

Q 12.　ファシリテーターを自治体職員がすることは可能ですか

A 12.　可能ですが、ＬＯＲＣでは中間支援団体などにファシリテーターを派遣してもらうことに意味があると考えています。

ひとつには、この協働研修のワークショップとファシリテーターが、一般のワークショップと異なるところがあるからです。顕著な違いは、議論とそのプロセスじたいが目標なので、ファシリテーターの「誘導しないが促進する」役割がいっそう重要であることです。自治体の職員研修で行われる政策形成などのワークショップでは、具体的な到達目標がしっかり決まっており、それにそって進行することも多いようですが、協働研修ではそうではありません。それをふまえたファシリテーターが求められます（４章とくに52、56～58ページ）。

また、市民のかたはじめ多様なセクターのかたと議論するときに、「第三者」として存在することもプラスに働くといえます。どちらかの味方であると思われたり、議論を誘導ないし指導しようとしていると思われると、テーブルの議論そのものがしらけたものになってしまいかねません。さらに、ファシリテーターの派遣をつうじて、他セクターと研修企画をともにつくることにも意味があります。

できれば派遣で、そうでなければこうした点や４章を十分理解したファシリテートがなされるようにしてください。

Q 13.　研修期間の議論の目標設定はどのようにしたらよいですか？

A 13.　ＬＯＲＣ協働研修の目的は、議論とそのプロセスじしんにあり、なにかを成果として出すための議論が目的ではありません。そのため、自治体の政策形成研修などとは異なり、到達目標を細かく設定することなじまないことをご理解ください。そこで、議論とそのプロセスを目標ないしめどとしてお示ししています。23、25ページのタイムスケジュール例、52ページの表をごらんください。３日間日程の場合、初日は「アイスブレイク」から「発散」に入ったあたり、２日めに「発散」「構造化」を中心に、３日めに「構造化」から「合意形成」へ、というあたりがめどとなるでしょう。

このため、ＬＯＲＣ協働研修の基本スタイルでは、発表を成果物としてその水準をはかることもしていません。発表が、課題にたいする政策的アイディアである場合も、議論と合意形成の軌跡を総括するものである場合もあるでしょう。議論とそのプロセスをつうじて、異なるセクターの主体との議論と合意形成を経験し、地域政策とその主体についてあたらしい発想や発見をえることができればよいと考えます。事後評価でその成果を確認してください。

Q 14.　テーブルの参加者配置について、事前に決めておくべきでしょうか。

A 14.　そうされることをおすすめします。席決めをつうじてアイスブレイクするワークショップもありますが、協働研修の場合は、「多様なセクターの主体」で構成される議論の空間をつくる必要がありますので、事前に配置しておきましょう。職員と地縁組織のかただけ、ＮＰＯ団体のかただけ、などと偏らないように注意します。性別のバランスも重要です 27ページ2-14図。

可能であれば、個人情報に配慮しつつ、事前にファシリテーターと参加者のひととなりをふまえながら、議論の環境づくりとして座席配置を検討しましょう。

Q 15.　自分ばかり大きく長く発言する参加者がおられ、困っています。

A 15.　テーブルでの議論は基本的にファシリテーターにまかせます。ただ、ファシリテーターも当惑するような場合、いちじるしく進行の妨げになってしまう場合もあります。ファシリテーターが休憩をいれて場の雰囲気を切り替えることもありますし、運営側やファシリテートリーダーが、何気なく別の話題を提起するなどの対応をすることもあるでしょう。あまり望ましいことではありませんが、長時間の発言が続くようなら「発言は１回X分までとしましょう」など制限するのも手段としてはあります。

ファシリテーターと事前の打ち合わせを綿密に行うこと、運営側やファシリテートリーダーが各テーブルの様子を把握しておくこと、それらをふまえつつ状況に応じた対応が望まれます。

Q 16.　参加者が研修中、急に体調を崩されました。

A 16.　研修期間中は、かならず毎日、体調の悪いかたはいないか確認し、研修途中で体調が悪くなった場合には速やかに申し出るように伝えましょう。それでも不測の事態はありえますので、体調を崩したひとがでたときの対応を事前に確認し、会場にＡＥＤがあればその位置を確認しておくようにしましょう。

Q 17.　書いてあることはわかったのですが、どうやったら自分の自治体・組織で実現できるのかわかりません。

A 17.　あたらしい試みですから、実現までのプロセスが実感できないこともあることでしょう。試行においても、外部の、大学の研究組織であるＬＯＲＣとの連携に戸惑いを抱かれたり、研修の成果がイメージしにくいことで疑問をもたれたりしたこともありました。試行の実現は、そのなかでもこの試みを評価し協力してくださるかたや組織との「協働」の結果でもあります。したがって、このハンドブックや添付ＤＶＤを活用して、こうした研修に意義があると考え、いっしょに企画してくれる存在を、部局や自治体・組織の内外に相談し連携していくことが最初の一歩であるとわたしたちは考えます。中間支援組織、市町村合同研修所、大学やその研究機関、また、わたしたちＬＯＲＣもこれまでの経験からお伝えできるところがあるでしょう。

このハンドブックの発行は、そうした高い評価をいただいたＬＯＲＣ協働研修の成果を、ひろく社会に還元していこうという意図によります。ここのハンドブックを使いたいと思われる多くのかたがもつ疑問はおそらくわたしたちももったことでしょうし、わたしたちがもったことのない疑問をおもちならその解法を知ること、考えることはわたしたちにとっても重要なことです。わたしたちの成果を共有し、課題にともにとりくんでくださる連携が生まれていくことを願っています。

7）おわりにかえて

2005年、本ブックレットシリーズの第１巻として、『地域人材を育てる職員研修改革』を公人の友社から刊行させていただきました。それは、ＬＯＲＣ第２班の研究活動としておこなった、自治体職員研修担当者にたいするアンケート調査をふまえ、数としてはもっとも厚い「地域公共人材」職業人層である自治体職員研修の現況と、否定的な評価をうけがちな「研修」の可能性、そしてそのために、職員研修制度に求められる「開放性と連携性」の課題を論じたものでした。

本書は、前著の課題提起を背景に、ＬＯＲＣがめざす「セクターをこえた連携（マルチパートナーシップ）」が可能な地域政策の担い手である「地域公共人材」の育成という課題にたいして、第２班と教育・研究ワーキンググループが模索した試行の成果であり、前著と対をなすものでもあります。本著が、人材育成の要請にいかに応えるかに悩む研修担当者に刺激となり、協働研修の試行の成果がひろく共有されること、課題にともにとりくむあたらしい連携のきっかけになることを切に願っています。

前著、また本著も、著者の役割はその模索をつうじてＬＯＲＣメンバーが研究、発見したことをひろく社会に還元することをめざす、いわば「代著」ともいえるものにすぎません。もちろん、その文責は著者ひとりにありますが、協働研修を企画した、センター長でもある富野暉一郎、ＬＯＲＣ第２班、教育・研修メンバーと、実施と研究に協力していただいたかたがたこそ、その成果のみなもとにあります。

協働研修として試行した３例ともに、あたらしい試みのために既存の枠をこえて下さったかたがおられました。最初の協働研修として基本スタイルをつくった熊本市研修では、市長室市民協働課長の宗良治氏。ＮＰＯくまもと代表理事の上土井章仁氏。大都市圏で「協働」にとりくむ自治体として協力いただいた寝屋川市では政策担当理事の荒川俊雄氏、企画財政部企画政策室係長の荒木和美氏。滋賀県３市共同研修では、研修センターを中核に複数自治体の職員を対象にした協働研修を実施しましたが、その試みに協力していただいた滋賀県市町村職員研修センター事務局長の周防農生夫氏、阿部照代氏、大津市、守山市、草津市の担当者のかたがた（なお、肩書きはすべて当時のものです）。

ＬＯＲＣの研究員でもあり、それぞれの事例で調整役として多大な労力を払っていただいた、熊本市の西田俊之氏、草津市の林田久充氏のご尽力なしには協働研修はありえませんでした。ほか、お名前をあげきることはもとよりできませんが、参加･協力いただいたすべてのかたがたの、共通の成果が本書といえます。

実施にきわめて重要な役割を果たしていただいたファシリテーターのみなさん。とくに、ご寄稿いただいた野池雅人氏や西田洋之氏はじめ、きょうとＮＰＯセンターのみなさんには、企画からすぐれた能力を発揮していただきました。同センターの事務局長でありＬＯＲＣ研究員でもある深尾昌峰氏は、協働研修の企画・実施にあたって大きく貢献いただきました。

本著には、構成に重要なご示唆を下さった同志社大学の山口洋典氏、時間の制約のあるなかで著者のイメージを的確ですてきなイラストにあらわして下さったチャーハン・ラモーン氏、添付ＤＶＤの作成に㈱メディアプラザの市川英樹氏のご貢献が不可欠でした。公人の友社の武内英晴氏と倉敷印刷㈱さんにはたいへんなご無理をお願いし、刊行にこぎつけていただきました。

最後に、この５年、不器用な班代表をつねに力強く支えて下さった、ＬＯＲＣ第２班と教育･研修ワーキンググループのみなさん、そして、研究活動の運営、この協働研修の実施、本著の資料作成と分析のあらゆる過程を支えて下さった、ＬＯＲＣリサーチアシスタント田村瞳さん。

研究活動と本著の作成にお力をいただいたすべてのかたがたに、こころから感謝を申し上げます。

2008年３月　ＬＯＲＣ第２班代表　土山希美枝

添付資料

協働研修の実施を支える資料を用意しました。添付ＤＶＤにも読者が便利なように必要と思われる資料を多数収録しています。ぜひ、ご活用下さい。お問い合わせなどは、ＬＯＲＣ（Ｑ&Ａ１）までお願いします。

●巻末添付資料	
・企画編ステップチェックリスト	
・実施編ステップチェックリスト	
●ＤＶＤ収録資料	
○映像資料（ＤＶＤプレーヤーで再生可能）	
・熊本市研修実施編	・熊本市研修企画編
・滋賀県３市協働研修	・寝屋川市協働研修
○データ資料（コンピューターから利用可能※）	
・熊本市研修資料	・滋賀県３市共同研修資料　・寝屋川市研修資料
・チェックリスト等資料	企画編・実施編ステップチェックリスト（詳細版）／研修アンケート用紙／フォローアップ準備アンケート用紙／協働研修運営スケジュール例

※Windowsでは「マイコンピュータ」、Apple MacOSでは「Finder」から、DVDフォルダにアクセスすることができます。

●企画編ステップチェックリスト

○協働研修企画・実施チェックシート【企画編】

	企画ステップと内容	進捗 開始-中盤-終了	メモ
1	運営会議の組織		
	庁内体制の整備 ※研修担当部局、市民や市民団体とつながりの深い部局、人事部局、企画など首長の政策決定に近い部局等と連携をはかりましょう。		
	メンバーの選定		
	行政以外の運営会議の参加者の選定 ※中間支援組織などNPO団体、とくにファシリテーターを派遣してもらう団体、大学など研究・教育機関、合同研修所などの機関等に呼びかけましょう。		
	運営会議①の開催		
	幹事役の決定		
2	企画の構成		
	運営会議②（複数回）開催 ※市民協働研修の概要説明 ※企画する研修の対象、目標、手法に関する議論、決定		
	管理職研修の企画（協働ワーク研修講義パートと合同も可）		
	講師の選定 ※できれば首長講話と併せて企画しましょう！		
	スケジュールの調整		
	会場の確保		
	受講者の選定・案内		
	資料（講演レジュメ・アンケート用紙）の作成		
	協働ワーク研修　講義パートの整備		
	講師の選定		
	※企画の内容を理解し、「市民が行政を手伝ってくれること」と誤解されがちな「協働」の意味と意義を語ってくれるような講師を探しましょう。 ⇒講師に運営会議にも参加してもらいましょう。		
	スケジュールの調整		
	会場の確保		
	受講者の選定・案内 ※地縁団体、NPO、地元企業人や議会議員、大学生などへ参加を呼びかけましょう		
	協働ワーク研修　ワークショップパートの整備Ⅰ		
	ファシリテーターの確保 ※ファシリテーターとは別にファシリテーターリーダーも重要です。		
	会場の確保		
	テーマの選定		
3	協働ワーク研修　ワークショップパートの整備Ⅱ		
	受講者の選定・案内 ※職員と職場にできるだけすべての日程に参加してもらえるよう調整を。 ※地縁団体、NPO、地元企業人や議会議員、大学生などへ参加を呼びかけましょう		
	スケジュールの調整 ※できるだけ連続した日程、もしくはごく近い期間に設定しましょう。最低でも2日は連続でとることをめざしましょう。		
4	協働ワーク研修　ワークショップパートの整備Ⅲ		
	講師に企画の内容を説明しつつ講義内容を調整		
	運営会議③（複数回）開催 ※ファシリテーターにも参加してもらいましょう。 ※参加者、議論の進行·方針のイメージ、班編成（テーブルの配置）の決定等 ※運営リーダー、ファシリテータリーダー、ファシリテータ、受付など役割分担決定		
	資料（講演レジュメ・アンケート用紙）の作成		
5	ワークショップ研修グループワークパートの実施※【実施編】実施ステップ0～8参照		

○協働研修企画・実施チェックシート【企画編】

	企画ステップと内容	進捗 開始-中盤-終了	メモ
6	**フォローアップや効果測定の企画**		
	運営会議④（複数回）開催 ※研修の対象、目標、手法の検証、課題に関する議論 ※対象としては、参加した1.職員 2.市民があげられます。 ※2〜6ヵ月後をめどにフォローアップ研修を実施するのが望ましいでしょう。		
	日程の調整		
	ファシリテーターの確保		
	※ファシリテーターにも運営会議に参加してもらいましょう。		
	フォローアップ準備アンケートの実施		
	フォローアップ準備アンケートの実施		
	フォローアップ準備アンケートの回収		
	フォローアップ準備アンケートの集計・分析		
	フォローアップ研修の実施準備		
	会場設営		
	最終ミーティング ※班編成の決定、アンケート調査結果・分析⇒課題の確認 ※フォローアップ研修の目的の再確認		
	フォローアップ研修の実施		
	※フォローアップ研修の実施チェックリストは、実施ステップシート末尾にあります。		

●実施編ステップチェックリスト

○協働研修企画・実施チェックシート【実施編】

	企画ステップと内容	チェック欄	メモ
0	**0-1　準備と備品の確認**		
	(1)管理職研修		
	会場の確保 ※人数にたいして大きすぎない会場を選びましょう。	手配中――済	
	演台とマイク（演台用、司会用、会場用（司会用と兼用可）	手配中――済	
	(講義に必要な場合）プレゼンテーション用スクリーン＆プロジェクター	手配中――済	
	配布資料	手配中――済	
	管理職研修終了時のアンケート	手配中――済	
	講師謝礼など、支払いが発生する場合の準備	手配中――済	
	（2–1）協働ワーク研修		
	会場の確保 ※管理職研修と講義パートを合同開催する場合は、講義パート用に全員が入る会場を用意します。その場合は、（1）を参考にしてください。	手配中――済	
	ワークショップ用テーブルと椅子の準備	手配中――済	
	（講義に必要な場合）プレゼンテーション用スクリーン＆プロジェクター	手配中――済	
	マイク	手配中――済	
	配布資料	手配中――済	
	終了時のアンケート（日数分、人数分）	手配中――済	
	受付や参加確認のための参加名簿	手配中――済	
	受付机＆椅子	手配中――済	
	運営グループ用テーブル	手配中――済	
	参加者の荷物置用の場所の確保	手配中――済	
	飲み物や菓子のサービステーブル	手配中――済	
	休憩などのときのための飲み物や菓子など	手配中――済	
	謝礼や支払いなどの準備	手配中――済	
	（2–2）協働ワーク研修　ワークショップパートに必要な準備（各テーブル）		
	大判（手のひら大）の糊付付箋紙（2〜3色×2〜3個×テーブル）	手配中――済	
	太字サインペンもしくはフエルトペン（裏うつりしないもの、人数分＋α）	手配中――済	
	カラーサインペン（太めで裏うつりしないもの　2〜3色×テーブル）	手配中――済	
	大判の模造紙（3〜4枚×テーブル×日数）	手配中――済	
	模造紙を掲示するための留め具（画鋲、マグネット、テープ等環境にあわせて）	手配中――済	
	黒板またはホワイトボード（ワークショップのテーブル数ぶんあることが望ましい）	手配中――済	
	セロハンテープ、画鋲、マグネット、ガムテープ、筆記用等文具	手配中――済	
	A3またはA4の白紙（自己紹介用など、人数分＋α）	手配中――済	
	各班を表示するもの	手配中――済	
	ネームカード（参加者＋運営スタッフ） ※余裕を持って用意することが望ましいでしょう。各テーブルごとに用意しましょう。	手配中――済	
1	**1-1　（単独開催の場合）管理職研修の開催**		
	受付 ※名簿と参加者の確認、資料とアンケートの配布		
	首長（や幹部）講話		
	講義＋質疑応答		
	アンケート実施		
	アンケート回収		
2	**2-1　（前日or当日朝）協働ワーク研修最終ミーティング**		
	最終ミーティングと役割分担確認 ※参加者のテーブルの配置、担当ファシリテーターの決定等の確認 ※研修の目的の再確認、参加者に関する情報交換等 ※初日の議論の方針のイメージ等 ※議論の進行はファシリテーターとファシリテーターリーダーへ一任することを確認 ※受付など役割分担の最終確認、災害や病人などの対応の確認		

○協働研修企画・実施チェックシート【実施編】

企画ステップと内容		チェック欄	メモ
3	**3-1　（当日朝）設営**		
	会場の設営 ※模造紙が壁面と白板に掲示できるような設営を！受付の準備		
4	**4-1　協働ワーク研修（1日目）**		
	受付（名簿の確認、資料・アンケート用紙の配布）		
	参加者の席へ誘導		
	運営リーダーによる導入説明（マイク要） ※マイクで参加者に着席を誘導、講師がみられる位置に椅子を動かしてもらう ※講義がはじまるまえに、参加者の体調を確認する。		
	講師による講義＋質疑応答		
5	**5-1　ワークショップ開始**		
	運営リーダーによるグループワーク開始宣言		
	各ファシリテーターによるワークショップの開始 ※休憩などはテーブルごとに議論の進捗をみて各ファシリテーターが判断する。 ※運営スタッフは、各ファシリテーターの補助や物品の過不足などに対応する。		
6	**6-1　中間発表と終了**		
	中間発表（各テーブル5分程度）、ファシリテーターリーダー司会 ※ファシリテーター、終了1時間前ころメンバーにこの日の議論の整理を依頼。		
	アンケート実施		
	アンケート回収		
	運営リーダーによる終了宣言		
	6-2　ふりかえりミーティング		
	運営リーダー、ファシリテーターリーダーを中心にふりかえりミーティング ※各ファシリテーターから議論の様子や進捗、テーブルの雰囲気を聞き、翌日の方針やメンバー変更の必要等を相談する。 ※アンケートはふりかえりミーティングで参考にしたのち、運営スタッフが回収 ※運営面の反省、補充が必要な物品の確認等		
7	**7-1　協働ワーク研修（2日め）ワークショップ**		
	（必要があれば）開始前ミーティング		
	受付（名簿の確認、資料・アンケート用紙の配布）		
	運営リーダー、着席を誘導、ワークショップ開始宣言		
	各ファシリテーターによるワークショップの開始 ※新しい参加者がいる場合は、議論にスムーズに入れるよう配慮する。（ファシリテーター＆運営スタッフ） ※休憩などはテーブルごとに議論の進捗をみてファシリテーターが判断する。 ※運営スタッフは、各ファシリテーターの補助や物品の過不足などに対応する。		
	7-2　中間発表と終了		
	中間発表（各テーブル5分程度） ※ファシリテーター、終了1時間前ころメンバーにこの日の議論の整理を依頼。		
	運営リーダーによる終了宣言		
	アンケート実施		
	アンケート回収		
	7-3　ふりかえりミーティング		
	運営リーダー、ファシリテーターリーダーを中心にふりかえりミーティング ※各ファシリテーターから議論の様子や進捗、テーブルの雰囲気を聞き、翌日の方針やメンバー変更の必要等を相談する。 ※アンケートはふりかえりミーティングで参考にしたのち、運営スタッフが回収 ※運営面の反省、補充が必要な物品の確認等		

○協働研修企画・実施チェックシート【実施編】

企画ステップと内容		チェック欄	メモ
8	**8-1　協働ワーク研修（3日め）ワークショップ**		
	（必要があれば）開始前ミーティング		
	受付（名簿の確認、資料・アンケート用紙の配布）		
	運営リーダー、着席を誘導、ワークショップ開始宣言		
	各ファシリテーターによるワークショップの開始 ※新しい参加者がいる場合は、議論にスムーズに入れるよう配慮する。（ファシリテーター＆運営スタッフ） ※休憩などはテーブルごとに議論の進捗をみてファシリテーターが判断する。 ※運営スタッフは、各ファシリテーターの補助や物品の過不足などに対応する。		
	8-2　発表と講評		
	発表＋質疑応答（各テーブル10分程度）		
	講評		
	アンケート実施		
	アンケート回収		
	運営リーダーによる終了宣言		
	8-3　（実施の場合）打ち上げ		
	会場（ワークショップと同会場で可）、テーブル、飲み物、お菓子の用意		

補足　フォローアップ研修の実施

補足　フォローアップ研修の実施	**補-1　フォローアップ研修の実施準備**		
	会場設営		
	最終ミーティング ※班編成の決定、アンケート調査結果・分析⇒課題の確認 ※フォローアップ研修の目的の再確認		
	補-2　フォローアップ研修の実施		
	受付 ※名簿と参加者の確認、資料（アンケート集計結果）配布		
	参加者の席へ誘導		
	運営リーダーによる導入説明（マイク要）		
	運営リーダーによるフォローアップ研修開始宣言		
	各ファシリテーターによるワークショップの開始 ※休憩などはテーブルごとに議論の進捗をみてファシリテーターが判断する。 ※運営スタッフは、各ファシリテーターの補助や物品の過不足などに対応する。		
	発表		
	運営リーダーによる終了宣言		

「地域ガバナンスシステム・シリーズ」発行にあたって

日本は明治維新以来百余年にわたり、西欧文明の導入による近代化を目指して国家形成を進めてきました。しかし今日、近代化の強力な推進装置であった中央集権体制と官僚機構はその歴史的使命を終え、日本は新たな歴史の段階に入りつつあります。

時あたかも、国と地方自治体との間の補完性を明確にし、地域社会の自己決定と自律を基礎とする地方分権一括法が世紀の変わり目の二〇〇〇年に施行されて、中央集権と官主導に代わって分権と官民協働が日本社会の基本構造になるべきことが明示されました。日本は今、新たな国家像に基づく社会の根本的な構造改革を進める時代に入ったのです。

しかしながら、百年余にわたって強力なシステムとして存在してきたガバメント（政府）に依存した社会運営を、主権者である市民と政府と企業との協働を基礎とするガバナンス（協治）による社会運営に転換させることは容易に達成できることではありません。特に国の一元的支配と行政主導の地域づくりによって二重に官依存を深めてきた地域社会においては、各部門の閉鎖性を解きほぐし協働型の地域社会システムを主体的に創造し支える地域公共人材の育成や地域社会に根ざした政策形成のための、新たなシステムの構築が決定的に遅れていることに私たちは深い危惧を抱いています。

本ブックレット・シリーズは、ガバナンス（協治）を基本とする参加・分権型地域社会の創出に寄与し得る制度を理念ならびに実践の両面から探求し確立するために、地域社会に関心を持つ幅広い読者に向けて、様々な関連情報を発信する場を提供することを目的として刊行するものです。

二〇〇五年三月

龍谷大学　地域人材・公共政策開発システム
オープン・リサーチ・センター長　　富野　暉一郎

《著者紹介》

土山希美枝（つちやま　きみえ）

法政大学大学院社会科学研究科政治学専攻博士課程修了。博士（政治学）。2001年龍谷大学法学部助教授に着任、2007年学校教育法の改正により准教授、現在に至る。主著に、『高度成長期「都市政策」の政治過程』（日本評論社、2007年）、『地域人材を育てる自治体研修改革』（公人の友社、2005年）

地域ガバナンスシステム・シリーズ　Ｎｏ．９

市民と自治体の協働研修ハンドブック

地域が元気になるパートナーシップのために

2008年4月18日　初版発行　　　定価（本体１，６００円＋税）

著　者　　土山希美枝
発行人　　武内　英晴
発行所　　公人の友社
〒112-0002　東京都文京区小石川５－26－８
ＴＥＬ 03-3811-5701
ＦＡＸ 03-3811-5795
Ｅメール　koujin@alpha.ocn.ne.jp
http://www.e-asu.com/koujin/

自治体再構築

松下圭一（法政大学名誉教授）　定価2,800円

●官治・集権から自治・分権への転型期にたつ日本は、政治・経済・文化そして軍事の分権化・国際化という今日の普遍課題を解決しないかぎり、閉鎖性をもった中進国状況のまま、財政破綻、さらに「高齢化」「人口減」とあいまって、自治・分権を成熟させる開放型の先進国状況に飛躍できず、衰退していくであろう。
●この転型期における「自治体改革」としての〈自治体再構築〉をめぐる2000年～2004年までの講演ブックレットの 総集版。

1　自治体再構築の市民戦略
2　市民文化と自治体の文化戦略
3　シビル・ミニマム再考
4　分権段階の自治体計画づくり
5　転型期自治体の発想と手法

社会教育の終焉［新版］

松下圭一（法政大学名誉教授）　定価2,625円

●86年の出版時に社会教育関係者に厳しい衝撃を与えた幻の名著の復刻・新版。
●日本の市民には、〈市民自治〉を起点に分権化・国際化をめぐり、政治・行政、経済・財政ついで文化・理論を官治・集権型から自治・分権型への再構築をなしえるか、が今日あらためて問われている。

序章　日本型教育発想
Ⅰ　公民館をどう考えるか
Ⅱ　社会教育行政の位置
Ⅲ　社会教育行政の問題性
Ⅳ　自由な市民文化活動
終章　市民文化の形成　　あとがき　　新版付記

自治・議会基本条例論　自治体運営の先端を拓く

神原　勝（北海学園大学教授・北海道大学名誉教授）　定価2,625円

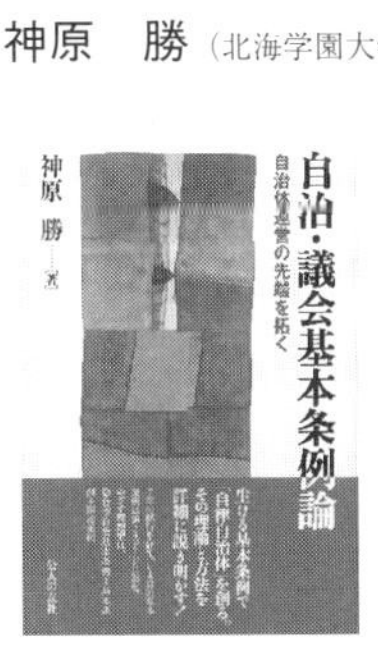

生ける基本条例で「自律自治体」を創る。その理論と方法を詳細に説き明かす。7年の試行を経て、いま自治体基本条例は第2ステージに進化。めざす理想型、総合自治基本条例＝基本条例＋関連条例

プロローグ
Ⅰ　自治の経験と基本条例の展望
Ⅱ　自治基本条例の理論と方法
Ⅲ　議会基本条例の意義と展望
エピローグ
条例集
　1　ニセコ町まちづくり基本条例
　2　多治見市市政基本条例
　3　栗山町議会基本条例

No.5
自治基本条例はなぜ必要か
辻山幸宣　1,000円［品切れ］

No.6
自治のかたち法務のすがた
政策法務の構造と考え方
天野巡一 1,100円

No.7
自治体再構築における
行政組織と職員の将来像
今井照　1,100円

No.8
持続可能な地域社会のデザイン
植田和弘　1,000円

No.9
政策財務の考え方
加藤良重　1,00C円

No.10
市場化テストをいかに導入するべきか　～市民と行政
竹下譲　1,000円

朝日カルチャーセンター 地方自治講座ブックレット

No.1
自治体経営と政策評価
山本清　1,000円

No.2
ガバメント・ガバナンスと
行政評価システム
星野芳昭　1,000円

No.4
政策法務は地方自治の柱づくり
辻山幸宣　1,000円

No.5
政策法務がゆく！
北村喜宣　1,000円

政策・法務基礎シリーズ
―東京都市町村職員研修所編

No.1
これだけは知っておきたい
自治立法の基礎
600円［品切れ］

No.2
これだけは知っておきたい
政策法務の基礎
800円

都市政策フォーラム ブックレット
（首都大学東京・都市教養学部
都市政策コース　企画）

No.1
「新しい公共」と新たな支え合いの創造へ ―多摩市の挑戦―
首都大学東京・都市政策コース
900円

No.2
景観形成とまちづくり
―「国立市」を事例として―
首都大学東京・都市政策コース
1,000円

シリーズ「生存科学」
（東京農工大学生存科学研究拠点
企画・編集）

No.2
再生可能エネルギーで地域がかがやく
―地産地消型エネルギー技術―
秋澤淳・長坂研・堀尾正靱・小林久
1,100円

No.4
地域の生存と社会的企業
―イギリスと日本との比較をとおして―
柏雅之・白石克孝・重藤さわ子
1,200円

No.5
地域の生存と農業知財
澁澤　栄／福井　隆／正林真之
1,000円

No.6
風の人・土の人
―地域の生存とＮＰＯ―
千賀裕太郎・白石克孝・柏雅之・福井隆・飯島博・曽根原久司・関原剛
1,400円

No.17
分権段階の自治体と政策法務
松下圭一他　1,456円

No.18
地方分権と補助金改革
高寄昇三　1,200円

No.19
分権化時代の広域行政
山梨学院大学行政研究センター
1,200円

No.20
あなたのまちの学級編成と地方分権
田嶋義介　1,200円

No.21
自治体も倒産する
加藤良重　1,000円

No.22
ボランティア活動の進展と自治体の役割
山梨学院大学行政研究センター
1,200円

No.23
新版・2時間で学べる「介護保険」
加藤良重　800円

No.24
男女平等社会の実現と自治体の役割
山梨学院大学行政研究センター
1,200円

No.25
市民がつくる東京の環境・公害条例
市民案をつくる会　1,000円

No.26
東京都の「外形標準課税」はなぜ正当なのか
青木宗明・神田誠司　1,000円

No.27
少子高齢化社会における福祉のあり方
山梨学院大学行政研究センター
1,200円

No.28
財政再建団体
橋本行史　1,000円［品切れ］

No.29
交付税の解体と再編成
高寄昇三　1,000円

No.30
町村議会の活性化
山梨学院大学行政研究センター
1,200円

No.31
地方分権と法定外税
外川伸一　800円

No.32
東京都銀行税判決と課税自主権
高寄昇三　1,000円

No.33
都市型社会と防衛論争
松下圭一　900円

No.34
中心市街地の活性化に向けて
山梨学院大学行政研究センター
1,200円

No.35
自治体企業会計導入の戦略
高寄昇三　1,100円

No.36
行政基本条例の理論と実際
神原勝・佐藤克廣・辻道雅宣
1,100円

No.37
市民文化と自治体文化戦略
松下圭一　800円

No.38
まちづくりの新たな潮流
山梨学院大学行政研究センター
1,200円

No.39
ディスカッション・三重の改革
中村征之・大森彌　1,200円

No.40
政務調査費
宮沢昭夫　1,200円

No.41
市民自治の制度開発の課題
山梨学院大学行政研究センター
1,100円

No.42
《改訂版》自治体破たん・「夕張ショック」の本質
橋本行史　1,200円

No.43
分権改革と政治改革
～自分史として
西尾勝　1,200円

No.44
自治体人材育成の着眼点
浦野秀一・井澤壽美子・野田邦弘・西村浩・三関浩司・杉谷知也・坂口正治　田中富雄　1,200円

No.45
障害年金と人権
―代替的紛争解決制度と大学・専門集団の役割―
橋本宏子・森田明・湯浅和恵・池原毅和・青木久馬・澤静子・佐々木久美子　1,400円

TAJIMI CITY ブックレット

No.2
転型期の自治体計画づくり
松下圭一　1,000円

No.3
これからの行政活動と財政
西尾勝　1,000円

No.4
構造改革時代の手続的公正と第2次分権改革
手続的公正の心理学から
鈴木庸夫　1,000円

No.96
創造都市と日本社会の再生
佐々木雅幸　800円

No.97
地方政治の活性化と地域政策
山口二郎　800円

No.98
多治見市の政策策定と政策実行
西寺雅也　800円

No.99
自治体の政策形成力
森啓　700円

《平成16年度》

No.100
自治体再構築の市民戦略
松下圭一　900円

No.101
維持可能な社会と自治
～『公害』から『地球環境』へ
宮本憲一　900円

No.102
道州制の論点と北海道
佐藤克廣　1,000円

No.103
自治体基本条例の理論と方法
神原勝　1,100円

No.104
働き方で地域を変える
～フィンランド福祉国家の取り組み
山田眞知子　800円

《平成17年度》

No.107
公共をめぐる攻防
～市民的公共性を考える
樽見弘紀　600円

No.108
三位一体改革と自治体財政
岡本全勝・山本邦彦・北良治・逢坂誠二・川村喜芳　1,000円

No.109
連合自治の可能性を求めて
サマーセミナー in 奈井江
松岡市郎・堀則文・三本英司・佐藤克廣・砂川敏文・北　良治　他
1,000円

No.110
「市町村合併」の次は「道州制」か
高橋彦芳・北良治・脇紀美夫・碓井直樹・森啓　1,000円

No.111
コミュニティビジネスと建設帰農
松本懿・佐藤　吉彦・橋場利夫・山北博明・飯野政一・神原勝
1,000円

《平成18年度》

No.112
「小さな政府」論とはなにか
牧野富夫　700円

No.113
栗山町発・議会基本条例
橋場利勝・神原勝　1,200円

No.114
北海道の先進事例に学ぶ
宮谷内留雄・安斎保・見野全・佐藤克廣・神原勝　1,000円

No.115
地方分権改革のみちすじ
—自由度の拡大と所掌事務の拡大—
西尾　勝　1,200円

地方自治ジャーナル ブックレット

No.2
政策課題研究の研修マニュアル
首都圏政策研究・研修研究会
1,359円［品切れ］

No.3
使い捨ての熱帯林
熱帯雨林保護法律家リーグ　971円

No.4
自治体職員世直し志士論
村瀬誠　971円

No.5
行政と企業は文化支援で何ができるか
日本文化行政研究会　1,166円

No.7
パブリックアート入門
竹田直樹　1,166円［品切れ］

No.8
市民的公共と自治
今井照　1,166円［品切れ］

No.9
ボランティアを始める前に
佐野章二　777円

No.10
自治体職員の能力
自治体職員能力研究会　971円

No.11
パブリックアートは幸せか
山岡義典　1,166円

No.12
市民がになう自治体公務
パートタイム公務員論研究会
1,359円

No.13
行政改革を考える
山梨学院大学行政研究センター
1,166円

No.14
上流文化圏からの挑戦
山梨学院大学行政研究センター
1,166円

No.15
市民自治と直接民主制
高寄昇三　951円

No.16
議会と議員立法
上田章・五十嵐敬喜　1,600円

No.52
自治体における政策評価の課題
佐藤克廣　1,000円

No.53
小さな町の議員と自治体
室崎正之　900円

No.54
地方自治を実現するために法が果たすべきこと
木佐茂男　[未刊]

No.55
改正地方自治法とアカウンタビリティ
鈴木庸夫　1,200円

No.56
財政運営と公会計制度
宮脇淳　1,100円

No.57
自治体職員の意識改革を如何にして進めるか
林嘉男　1,000円　[品切れ]

《平成12年度》

No.59
環境自治体とＩＳＯ
畠山武道　700円

No.60
転型期自治体の発想と手法
松下圭一　900円

No.61
分権の可能性
スコットランドと北海道
山口二郎　600円

No.62
機能重視型政策の分析過程と財務情報
宮脇淳　800円

No.63
自治体の広域連携
佐藤克廣　900円

No.64
分権時代における地域経営
見野全　700円

No.65
町村合併は住民自治の区域の変更である。
森啓　800円

No.66
自治体学のすすめ
田村明　900円

No.67
市民・行政・議会のパートナーシップを目指して
松山哲男　700円

No.69
新地方自治法と自治体の自立
井川博　900円

No.70
分権型社会の地方財政
神野直彦　1,000円

No.71
自然と共生した町づくり
宮崎県・綾町
森山喜代香　700円

No.72
情報共有と自治体改革
ニセコ町からの報告
片山健也　1,000円

《平成13年度》

No.73
地域民主主義の活性化と自治体改革
山口二郎　600円

No.74
分権は市民への権限委譲
上原公子　1,000円

No.75
今、なぜ合併か
瀬戸亀男　800円

No.76
市町村合併をめぐる状況分析
小西砂千夫　800円

No.78
ポスト公共事業社会と自治体政策
五十嵐敬喜　800円

No.80
自治体人事政策の改革
森啓　800円

《平成14年度》

No.82
地域通貨と地域自治
西部忠　900円

No.83
北海道経済の戦略と戦術
宮脇淳　800円

No.84
地域おこしを考える視点
矢作弘　700円

No.87
北海道行政基本条例論
神原勝　1,100円

No.90
「協働」の思想と体制
森啓　800円

No.91
協働のまちづくり
三鷹市の様々な取組みから
秋元政三　700円

《平成15年度》

No.92
シビル・ミニマム再考
ベンチマークとマニフェスト
松下圭一　900円

No.93
市町村合併の財政論
高木健二　800円

No.95
市町村行政改革の方向性
～ガバナンスとＮＰＭのあいだ
佐藤克廣　800円

No.15
環境問題と当事者
畠山武道・相内俊一　[品切れ]

No.16
情報化時代とまちづくり
千葉純・笹谷幸一　[品切れ]

No.17
市民自治の制度開発
神原勝　[品切れ]

《平成9年度》

No.18
行政の文化化
森啓　[品切れ]

No.19
政策法学と条例
阿倍泰隆　[品切れ]

No.20
政策法務と自治体
岡田行雄　[品切れ]

No.21
分権時代の自治体経営
北良治・佐藤克廣・大久保尚孝
[品切れ]

No.22
地方分権推進委員会勧告とこれからの地方自治
西尾勝　500円

No.23
産業廃棄物と法
畠山武道　[品切れ]

No.25
自治体の施策原価と事業別予算
小口進一　600円

No.26
地方分権と地方財政
横山純一　[品切れ]

《平成10年度》

No.27
比較してみる地方自治
田口晃・山口二郎　[品切れ]

No.28
議会改革とまちづくり
森啓　400円

No.29
自治の課題とこれから
逢坂誠二　[品切れ]

No.30
内発的発展による地域産業の振興
保母武彦　[品切れ]

No.31
地域の産業をどう育てるか
金井一頼　600円

No.32
金融改革と地方自治体
宮脇淳　600円

No.33
ローカルデモクラシーの統治能力
山口二郎　400円

No.34
政策立案過程への「戦略計画」手法の導入
佐藤克廣　[品切れ]

No.35
98サマーセミナーから「変革の時」の自治を考える
[品切れ]

No.36
地方自治のシステム改革
辻山幸宣　[品切れ]

No.37
分権時代の政策法務
礒崎初仁　[品切れ]

No.38
地方分権と法解釈の自治
兼子仁　[品切れ]

No.39
市民的自治思想の基礎
今井弘道　500円

No.40
自治基本条例への展望
辻道雅宣　[品切れ]

No.41
少子高齢社会と自治体の福祉法務
加藤良重　400円

《平成11年度》

No.42
改革の主体は現場にあり
山田孝夫　900円

No.43
自治と分権の政治学
鳴海正泰　1,100円

No.44
公共政策と住民参加
宮本憲一　1,100円

No.45
農業を基軸としたまちづくり
小林康雄　800円

No.46
これからの北海道農業とまちづくり
篠田久雄　800円

No.47
自治の中に自治を求めて
佐藤　守　1,000円

No.48
介護保険は何を変えるのか
池田省三　1,000円

No.49
介護保険と広域連合
大西幸雄　1,000円

No.50
自治体職員の政策水準
森啓　1,100円

No.51
分権型社会と条例づくり
篠原　一　1,000円

地域ガバナンスシステム・シリーズ

（龍谷大学地域人材・公共政策開発システムオープン・リサーチ・センター企画・編集）

No.1
地域人材を育てる自治体研修改革
土山希美枝　900円

No.2
公共政策教育と認証評価システム—日米の現状と課題—
坂本勝　編著　1,100円

No.3
暮らしに根ざした心地良いまち
野呂昭彦・逢坂誠二・関原剛・吉本哲郎・白石克孝・堀尾正靱
1,100円

No.4
持続可能な都市自治体づくりのためのガイドブック
「オルボー憲章」「オルボー誓約」翻訳所収
白石克孝・イクレイ日本事務所編
1,100円

No.5
英国における地域戦略パートナーシップへの挑戦
白石克孝編・的場信敬監訳
900円

No.6
マーケットと地域をつなぐパートナーシップ
協会という連帯のしくみ
白石克孝編・園田正彦著　1,000円

No.7
政府・地方自治体と市民社会の戦略的連携
英国コンパクトにみる先駆性
的場信敬編著　1,000円

No.8
多治見モデル
財政縮小時代の人材戦略
大矢野修編著　1,400円

No.9
市民と自治体の協働研修ハンドブック［DVD付］
地域が元気になるパートナーシップのために
土山希美枝著　1,600円

No.10
行政学修士教育と人材育成
—米中の現状と課題—
坂本勝著　1,100円

No.11
アメリカ公共政策大学院の認証評価システムと評価基準
—NASPAAのアクレディテーションの検証を通して—
早田幸政著　1,200円

北海道自治研ブックレット

No.1
市民・自治体・政治
再論・人間型としての市民
松下圭一　1,200円

地方自治土曜講座ブックレット

《平成7年度》

No.1
現代自治の条件と課題
神原勝　[品切れ]

No.2
自治体の政策研究
森啓　600円

No.3
現代政治と地方分権
山口二郎　[品切れ]

No.4
行政手続と市民参加
畠山武道　[品切れ]

No.5
成熟型社会の地方自治像
間島正秀　[品切れ]

No.6
自治体法務とは何か
木佐茂男　[品切れ]

No.7
自治と参加アメリカの事例から
佐藤克廣　[品切れ]

No.8
政策開発の現場から
小林　勝彦・大石和也・川村喜芳
[品切れ]

《平成8年度》

No.9
まちづくり・国づくり
五十嵐広三・西尾六七　[品切れ]

No.10
自治体デモクラシーと政策形成
山口二郎　[品切れ]

No.11
自治体理論とは何か
森啓　[品切れ]

No.12
池田サマーセミナーから
間島正秀・福士明・田口晃　[品切れ]

No.13
憲法と地方自治
中村睦男・佐藤克廣　[品切れ]

No.14
まちづくりの現場から
斎藤外一・宮嶋望　[品切れ]

「官治・集権」から

「自治・分権」へ

市民・自治体職員・研究者のための

自治・分権テキスト

《出版図書目録》

公人の友社

112-0002　東京都文京区小石川５－26－８
TEL　03-3811-5701
FAX　03-3811-5795
メールアドレス　koujin@alpha.ocn.ne.jp

●ご注文はお近くの書店へ

小社の本は店頭にない場合でも、注文すると取り寄せてくれます。

書店さんに「公人の友社の『○○○○』をとりよせてください」とお申し込み下さい。５日おそくとも10日以内にお手元に届きます。

●直接ご注文の場合は

電話・ＦＡＸ・メールでお申し込み下さい。（送料は実費）

TEL　03-3811-5701　FAX　03-3811-5795
メールアドレス　koujin@alpha.ocn.ne.jp

（価格は、本体表示、消費税別）